네버 다우트

NEVER
DOUBT

네버 다우트

어떤 순간에도 스스로를 의심하지 않는
손흥민식 마인드셋

이건 지음

중앙books

"누군가는 저에 대해 의심할 수 있다고 생각해요.

하지만 저는 제 능력을 의심하지 않아요.

제가 제 자신을 의심하는 순간이 오면

축구를 내려놔야 되지 않을까요."

믹스트존 인터뷰 중에서

차례

1 노 다우트, 의심 없이 내 길을 가는 법

2 패배의 두려움에서 자유로워지는 법

위기를 설렘으로
바꾸는 법

함께
더 멀리 가는 법

운명을 바꿀
최적의 타이밍을 찾는 법

월드클래스 손흥민을 키운 특별한 마인드셋

> **'Never in doubt(절대 손흥민을 의심하지 마라).'**
> 2022년 9월 18일 영국 BBC 스포츠 공식 SNS

긴 침묵 끝에 시즌 첫 골과 해트트릭을 동시에 달성한 손흥민을 축하하는 BBC의 짧지만 강렬한 한 마디였다.

손흥민은 월드클래스다. 2021~2022시즌 잉글랜드 프리미어리그에서 23골을 넣어 득점왕을 차지했다. 아시아인으로 프리미어리그 득점왕을 차지한 선수는 손흥민 한 명뿐이다. 소속팀이 토트넘이라 더욱 의미가 크다. 토트넘은 수비에 치중하다 역습에 나서는 팀이다. 2021~2022시즌 프리미어리그 38경기에서 69골을 넣었다. 우승 팀 맨시티는 99골, 2위 팀 리버풀은 94골이었다. 이들과 전체 팀 득점에서 30골 가까이 차이가 난다. 그런 팀에서 손흥민이 리그 최다 골을 넣은 득점왕에 등극했다. 리그 톱클래스를 넘어 월드클래스로 인정받는 이유다.

그런 손흥민이 2022~2023시즌 초반 거센 후폭풍을 겪었다. '골든부트(리그 득점왕을 부르는 호칭)'에 대한 견제는 예상보다 더욱 심했다. 토트넘과 맞붙는 모든 팀들은 손흥민을 경계 대상 1호로 꼽았다. 손흥민 전담 마크를 두는 것은 물론, 손흥민을 향한 볼줄기를 차단하기 위해 토트넘의 미드필더들에게도 달라붙었다.

견제는 효과가 있었다. 손흥민은 시즌 개막 후 8경기에서 골이 없었다. 1도움만 기록했을 뿐이다. 손흥민의 침묵과 관계없이 토트넘은 잘 나갔다. 리그에서 무패 행진을 달렸다. 의심 어린 시선들이 생겨났다. 현지 언론들은 잘 나가는 토트넘이 더 잘 나가기 위해서는 손흥민을 선발에서 빼야 한다고 집요하게 주장했다. 영국 언론의 '손흥민 흔들기' 수위는 상상을 초월했다.

스스로에 대한 의심이 자신감 하락을 부른다

손흥민은 흔들리지 않았다. 오히려 자신을 향한 의심의 시선을 의심했다. 지난 경기를 성찰하되 자신의 능력을 의심하지 않았다. 위기 상황에도 스스로를 믿는 자신감이 있었다. 사실 자신감은 프로 스포츠 선수들의 기량 차이를 결정짓는 가장 큰 요소다. 슈팅을 할 것이냐 패스를 할 것이냐 드리블을 칠 것이냐. 판단의 시간은 단 1초도 걸리지 않는다. 그 짧은 시간에 판단하고 내린 결론을 100퍼센트 실행하기 위해서는 자신감이 있어야 한다. 자신감이 없으면 기회가 왔을 때 주춤할 수밖에 없다. 0.5초만 주춤해도 상대에게 볼을 뺏기거나 결정적 실수를 할 확률이 높아진다. 결국 팀 전체의 공격이 실패하게 된다. 감독의 신임은 실망으로 변하고 출전 기회가 줄어든다. 기회가 줄어들면 조바심이 나고, 또 실수하게 된다. 그럴수록 자신감은 더욱 줄어든다. 그사이 언론들은 부진 중인 선수를 계속 난도질한다. 이런 악순환을 통해 많은 선수들이 망가져왔다.

페르난도 토레스가 그랬다. 리버풀에서 토레스는 펄펄 날았다. 2007년 여름부터 2011년 1월 팀을 떠날 때까지 3시즌 반 동안 리버풀에 있으면서 통산 142경기에 나와 81골 14도움을 기록했다. 이런 그가 2011년 1월 말 첼시로 이적한 후 나락으로 떨어졌다. 2011년 1월부터 2014년 여름까지 3시즌 반 동안 첼시에 있으면서 172경기에 나섰다. 리버풀보다 더 많은 경기였다. 그러나 골은 단 45골을 넣는 데 그쳤다. 득점이 반 토막 났다. 잉글랜드 언론들, 특히 런던 기반의 언론들은 토레스를 흔들었다. 팬들도 그를 흔들었다. 토레스는 이런 말을 남겼다.

"지금의 난 다른 선수가 되었다. 모든 경기마다 주전 자리를 보장받았던 그 토레스는 없다. 때론 앉아서 내 골 장면을 돌려본다. 내가 골을 넣을 때 어떻게 했는지 이해하고 싶다."

'집중 견제 → 득점 실패 → 외부 흔들기 → 조바심 → 경기력 하락 → 감독 신임 하락 → 조바심 → 겨우 얻은 기회에서 망설임 → 실수 → 외부 흔들기 → 조바심 → 경기력 하락'으로 이어지는 악순환에 빠진 토레스는 결국 첼시에서 방출돼 AC 밀란을 거쳐 친정 팀인 아틀레티코 마드리드로 갔다. 이미 그곳에서는 주전이 아닌 '원 오브 스트라이커'에 불과했다. 그리고 2017~2018시즌 일본 사간 도스에서의 한 시즌을 끝으로 프로 선수 생활을 마무리했다. 결국 토레스의 추락은 자신감 부족 때문이었다.

손흥민의 '자기 확신'

시즌 아홉 번째 경기, 레스터시티전. 선발 명단에서 손흥민이 사라졌다. 손흥민뿐만이 아니라 크리스티안 로메로, 에메르송 로얄도 선발 명단에 없었다. 계속 선발로 나선 선수들에게 부여된 휴식이자 체력 안배를 위한 로테이션이었다. 그러나 언론들은 자신들이 줄기차게 요구한 손흥민 선발 배제를 콘테 감독이 받아들였다고 생각했다. 온라인 속보로 이 소식을 전하며 콘테 감독에 대한 자신들의 승리를 널리 알렸다.

경기는 난타전이었다. 후반 14분 토트넘은 3-2로 앞서고 있었다. 콘테 감독은 손흥민을 투입했다. 후반 25분 콘테 감독은 전술 변화를 선택했다. 데얀 클루셰프스키를 빼고 이브스 비수마를 넣었다. 3-4-3 전형(수비수-미드필더-공격수 숫자로, 수비수 3명 미드필더 4명 공격수 3명의 전술을 뜻한다)에서 3-5-2 전형으로 바꿨다. 손흥민은 해리 케인과 함께 최전방 투톱으로 섰다. 3분 뒤 손흥민의 첫 골이 나왔다. 드리블로 전진하며 수비수 두 명을 흔들었다. 페널티 지역 바깥에서 오른발 슈팅을 때렸다. 볼은 붕 뜨는가 싶더니 갑자기 뚝 떨어졌다. 대니 워드 골키퍼가 몸을 날렸지만 늦었다. 골망을 흔들었다. 후반 28분이었다.

한번 골이 뚫린 뒤부터는 거침이 없었다. 후반 39분 손흥민의 두 번째 골이 나왔다. 첫 골을 만들어낸 지점과 비슷한 곳에서 볼을 잡았다. 왼발로 감아차기 슈팅을 때렸다. 볼은 워드 골키퍼의 손을 넘어 휘었다. 골이었다. 손흥민 특유의 찰칵 세리머니가 나왔다.

후반 41분 다시 한 골을 더 만들어냈다. 허리 진영에서 패스가 들어왔다. 손흥민은 볼을 잡고 달렸다. 반대편에서 해리 케인이 자신에게 달라고 손을 들고 있었다. 하지만 손흥민은 망설임 없이 치고 들어가 오른발 슈팅을 때렸다. 공은 워드 골키퍼의 몸을 맞고 튕기며 골문 안으로 들어갔다. 해트트릭(축구 경기에서 한 명의 선수가 한 경기에서 3득점을 하는 것)이었다.

손흥민은 토트넘 역사상 처음으로 교체 투입된 후 해트트릭을 기록한 선수가 됐다. 첫 골부터 세 번째 골까지 단 13분이면 충분했다. 토트넘은 6-2로 승리했다. 믹스트존(공동취재구역)에서 손흥민을 만났다.

"현지 언론의 비판이 많았어요. 신경도 쓰였을 것 같고, 자신감도 떨어졌을 것 같아요."

"누군가는 저에 대해 의심할 수 있다고 생각해요. 하지만 저는 제 능력을 의심하지 않아요. 제가 제 자신을 의심하는 순간이 오면 축구를 내려놔야 되지 않을까요."

지금의 손흥민을 만든 자신감이었다. 시즌 초반의 무득점 행진. 장기 슬럼프로 빠질 수 있었던 상황을 손흥민은 월드클래스답게 해트트릭으로 반전시켰다. 주변의 의심과 집요한 흔들기에도 자기 자신을 끝까지 믿었던 결과였다. 이런 자신감은 하루아침에 생기지 않는다. 지금은 월드클래스인 손흥민도 이런 자신감을 가지기까지 오랜 시간이 걸렸다. 이 책은 그 시간 동안 손흥민을 지켜봐온 기록이다.

2010년 스포츠조선으로 이직한 후 손흥민 담당 기자로서의 삶을 시작했다. 그리고 2016년 손흥민을 따라 런던으로 온 이후 지금까지 7년간(2022년 10월 기준) 프리미어리거 손흥민을 취재하며 그의 성장을 직접 지켜봤다. 손흥민이 현재의 손흥민이 되기까지의 과정은 결코 쉽지 않았다. 장기 부상, 부진, 방출 위기, 병역 문제, 우승 문턱에서의 좌절 등 많은 어려움에 봉착했다. 하지만 손흥민은 그때마다 위기를 이겨내며 우상향 곡선을 그리고 있다. 그 바탕에는 'Never Doubt', 스스로 의심하지 않는 정신이 있었다.

이제 손흥민이 스스로 의심을 멈추게 된 과정을 찬찬히 살펴보자. 담당 취재 기자가 지근거리에서 지켜본 잉글랜드 프리미어리그 '골든부트' 손흥민의 발전상을, 그의 우상향 인생을, 자기 확신으로 최고의 순간을 만들어내는 과정을 지금부터 시작한다.

2022년 늦가을,
이건

1장
—
노 다우트,
의심 없이 내 길을 가는 법

'지금 이 순간'에 집중해라

아프다고
말할 수 있는 용기

米

손흥민은 부상에 정직하다. 조금만 아프거나 이상이 생겨도 증상을 호소한다. 경기 중 햄스트링(허벅지 뒤쪽 근육)에 이상을 호소하며 스스로 교체 아웃된 적도 몇 차례 있다. 손흥민처럼 근육을 기반으로 하는 스프린트(전력 질주)형 선수들은 부상을 특히 조심해야 한다. 이런 손흥민이 부상을 숨겨 값비싼 수업료를 치른 적이 있다. 바로 토트넘 이적 후 첫 번째 시즌이었다.

어제의 조바심으로 오늘 치른 대가

2015년 8월 손흥민은 잉글랜드 무대로 넘어왔다. 의욕이 넘쳤다. 9월 17일 카라바흐와의 유로파리그 조별 리그 경기에서 선발로 출전했다. 2골을 몰아쳤다. 토트넘 데뷔골이었다. 3-1로 승리했다. 9월 20일 크리스털 팰리스와의 홈경기에도 선발로 나와 1골을 넣었다. 결승골이었다. 1-0으로 승리했다. 자신감이 올라갔다.

9월 23일 아스널과의 홈경기가 열렸다. 리그컵 경기였다. 교체로 출전하며 체력을 안배했다. 3일 뒤 맨시티와의 홈경기에서 선발로 복귀한 손흥민은 상승세를 이어가고자 했다. 활발한 움직임을 보였다. 전반 20분 손흥민은 스프린트를 하다 발바닥에 통증을 느꼈다. 하지만 참고 뛰었다. 후반 32분 교체 아웃됐지만 발바닥은 여전히 아팠다. 다음 날 메디컬팀에서 검사를 받았다. 족저근막염이었다. 결장이 불가피했다.

예고된 부상이었다. 손흥민은 토트넘에 오고 나서부터 발바닥에 통증을 조금씩 느꼈다. 그러나 팀은 물론 가족들에게도 알리지 않았다. 추후 손흥민은 자신의 에세이《축구를 하며 생각한 것들》에서 당시 심정을 언급했다. 팀을 옮기자마자 다쳐서 경기에 못 나간다는 말을 하고 싶지 않았다고. 충분히 그럴 수 있다. 이적하자마자 아프다며 드러눕는 선수를 좋아할 구단은 없다. 이적 후 뭔가 보여줘야 한다는 부담도 컸다. 그래서 조금 아프더라도 참고 뛰면 괜찮아지겠지라고 생각한 것이다. 프리미어리그는 손흥민이 어릴 적부터 뛰고 싶어 했던 꿈의 무대였다. 박지성을 통해 맨유를 알았고, 올 드트래퍼드를 알았다. 그리고 이영표를 통해 토트넘을 알게 됐다. 언젠가는 그런 무대에서 뛰겠지라고 생각하며 계속 훈련을 이어갔다. 결국 꿈꾸던 프리미어리그로 왔다. 그 꿈에 젖어 자신의 몸 상태에 정직하지 못했던 것이다.

큰 대가를 치렀다. 손흥민은 발 부상으로 그해 10월 1일 열렸던 AS 모나코와의 원정 경기 결장부터 11월 2일 애스턴 빌라와의 홈경기까지 총 6경기, 1달을 결장했다. 11월 5일 안 더레흐트와의 유로파리그 경기에서 교체로 출전하며 복귀했 지만 경기력이 예전 같지 않았다. 11월 말 세 경기 연속 선발 로 나섰다. 도움은 틈틈이 올렸지만 골이 없었다. 그사이 경 쟁자들은 펄펄 날았다. 손흥민은 벤치 멤버로 전락했다. 12 월 28일 왓포드 원정에서야 골을 겨우 만들어냈다. 3호 골 이후 4호 골까지 걸린 기간은 석 달이었다. 손흥민의 자신감 도 바닥을 쳤다. 손흥민은 시즌 전체 8골을 넣는 데 그쳤다.

프리미어리그에서는 4골밖에 못 넣었다. 제대로 '폭망'한 시즌이었다.

토트넘 이적 초반 통증을 숨긴 일에서 시작된 나비효과였다. 통증을 느꼈을 때 바로 부상을 인지하고 제대로 치료를 받았으면 어땠을까. 모르긴 몰라도 부상 치료로 인한 결장이 3주까지 가지는 않았을 것이다. 1~2주 정도 재활하면서 컨디션을 끌어올려 새로운 무대도 밟고 적응도 좀 더 쉽게 했을 것이다.

이때의 경험으로 손흥민은 누구보다도 자신의 몸에 정직히 반응하게 됐다. 통증이 느껴지면 바로 이야기한다. 어떤 병이든 조기 발견과 치료가 중요하다. 부상도 그렇다. 빨리 발견하고 빨리 인지하면 치료와 재활도 빨라진다. 이후 손흥민은 장기 부상이 없었다. 2019년 2월 팔 부상이 그나마 장기 부상이었다.

아플 때 아프다고 말하는 용기

2020~2021시즌 손흥민은 두 차례 햄스트링을 다쳤다. 2020년 9월 27일 뉴캐슬전에서 선발로 출전한 손흥민은 햄스트

링에 통증을 느끼며 하프타임에 교체 아웃됐다. 경기 후 조제 모리뉴 감독은 손흥민의 햄스트링에 부상이 발견됐다며 교체 이유를 설명했다. 손흥민은 직전 5경기 연속 풀타임을 뛰어 피로가 누적된 상태였다. 다행히 부상은 오래가지 않았다. 단 한 경기에 결장했고 10월 4일 맨유전에서 복귀했다. 왼쪽 햄스트링에 테이핑을 하고 나왔다. 2골 1도움을 기록하며 토트넘의 6-1 대승을 이끌었다. 부상의 조기 발견과 빠른 재활의 결과였다.

2021년 3월 14일 아스널 원정. 선발 출전한 손흥민은 전반 19분 햄스트링에 이상을 느끼고 스스로 교체 아웃을 요청했다. 그리고 세 경기에 결장했다. 이후에도 손흥민은 세 차례 더 다쳤다(2022년 10월 기준). 두 번은 햄스트링, 한 번은 종아리였다. 하지만 이로 인한 경기 결장은 총 일곱 번에 그쳤다. 결장 경기를 최소화할 수 있었던 이유는 역시 부상의 조기 발견이었다.

손흥민의 부상에는 운도 따라주었다. 2019년 2월 16일 애스턴 빌라 원정 때였다. 손흥민은 2골을 몰아치며 엄청난 활약을 펼쳤다. 특히 경기 종료 직전 결승 극장골(승부가 거의 확정된 경기에서 경기 종료 직전 승부를 뒤집는 결정적인 골)을 넣으며 팀에 3-2 승리를 안겼다. 이로써 5경기 연속골에도 성공했다. 그때까지는 몰랐다. 경기 중 팔이 부러졌다는 것을. 이날 손흥민은 경기가 시작하자마자 팔을 다쳤다. 하프라인에서 치고 달리다가 상대 수비수와 충돌하며 몸이 붕 떴고, 오른팔로 착지하며 충격을 입었다. 그러나 경기 중에는 통증이 크지 않았다. 경기 후 믹스트존에서도 통증을 느끼지 못하는 모습이었다. 며칠 후 손흥민의 부상 소식이 발표됐다. 애스턴 빌라전 다음 날 통증이 심해져 검진을 받았더니 골절이었다. 수술을 받기 위해 한국으로 떠났다. 최소 3개월짜리 부상이었다. 시즌이 끝날 때까지 돌아오지 못할 가능성이 컸다. 사실상 시즌 아웃이었다.

케인도 부상으로 빠진 상황에 손흥민까지 빠지자 토트넘은 나락으로 떨어졌다. 손흥민 없는 6경기에서 1무 5패에 머물렀다. 당시 팀을 이끌던 모리뉴 감독도 "돌파구가 없다"며 아쉬워했다. 그러던 중 코로나19로 프리미어리그가 3월 전격 중단됐다. 전 인류적 재앙인 코로나19가 토트넘과 손흥민에게는 기회가 된 셈이다. 리그가 중단된 사이 손흥민은 수술을 받고 훈련에 복귀했다. 그때까지도 프리미어리그는 재개하지 못했다. 아예 훈련장도 폐쇄됐다. 그동안 손흥민은 한국에서 3주간의 기초군사훈련까지 마쳤다. 프리미어리그는 6월에 재개됐다. 경기는 무관중으로 열렸다. 팔 부상을 완치하고 돌아온 손흥민은 남은 기간 2골 3도움을 기록했다. 토트넘은 6위로 시즌을 마치며 유로파리그 진출권을 따냈다. 부상으로 시즌 전체를 날릴 뻔했던 손흥민을 하늘이 도우며 시즌을 잘 마무리할 수 있었다.

몸을 돌보지 않으면 무얼 하든 필패

하나 더 주목할 점은 부상을 입은 손흥민의 마음가짐이다. 운동선수의 부상은 그들의 신체적 능력뿐만 아니라 멘털에도 치명적이다. 특히 포지션 경쟁이 심한 팀 스포츠에서는, 자신이 다쳐서 경기에 못 뛰는 사이 경쟁자에게 자리를 뺏길까봐 걱정하는 경우가 많다. 이 때문에 부상당한 선수는 마음이 조급해져 무리하게 재활을 하곤 한다. 완벽하게 회복되지 않은 상태에서 복귀했다가 부상이 더 악화되는 경우도 있다.

　손흥민도 선수 생활 초기에는 그랬다. 함부르크와 레버쿠젠에서 뛰던 시절, 부상으로 경기에 못 나갈 때 조바심을 냈다. 그러나 토트넘 첫 시즌 족저근막염으로 고생한 이후 달라졌다. 자기 몸은 자기가 제일 잘 안다. 조바심에 자신의 몸 상태를 제대로 보지 않고 경기장에 나서면 100퍼센트 필패다. 첫 시즌 부진을 겪고 이적 직전까지 갔던 손흥민은 이를 몸으로 체득했다. 다치면 다른 것은 생각하지 않고 오로지 자신의 몸만 돌본다. 그리고 필드로 돌아갈 날을 기다린다. 돌아가서 팀에 도움이 되겠다고 다짐한다. 자기 몸에 정직해야 한다. 두려움 때문에 자기 몸을 내팽개치면 더 큰 위기에 빠질 수 있다.

질 줄 모르면
이길 수도 없다

✳

2019년 6월 1일 스페인 마드리드 에스타디오 완다 메르토폴리타노. 손흥민은 하염없이 눈물을 흘렸다. 최고의 자리까지 갔지만 그곳에서 무기력했다. 실패의 아픔이 몰려왔다. 토트넘은 리버풀과 2018~2019시즌 유럽챔피언스리그 결승전에서 격돌했다. 구단 역사상 처음으로 챔피언스리그 결승에 올랐다. 그러나 0-2로 무기력하게 졌다.

손흥민은 관중석에 있던 아버지와 포옹을 나누었다. 그래도 눈물은 멈추지 않았다. 그 광경을 기자석에서 지켜봤다. 마음이 짠했다. 손흥민에 대한 기사 마지막에 이렇게 썼다.

'손흥민에게 마드리드는 눈물 그 자체였다.'

믹스트존. 많은 기자들이 몰려 있었다. 손흥민은 초췌한 얼굴로 나왔다. 라커룸 안에서도 울었는지 눈두덩이가 부어 있었다.

"저기 손흥민 선수. 미안한데 혹시 한마디만 들을 수 있을까요?"
"죄송해요. 안 했으면 좋겠어요. (말)실수를 하고 싶지 않아요."
"고생하셨어요."

손흥민은 고개를 푹 숙인 채 믹스트존을 빠져나갔다. 이날은 손흥민의 축구 인생에 있어서, 아니 전체 인생을 통틀어서 가장 기억에 남는 날일 것이다. 경기에서 뛰지 않은 나도 바로 어제 일처럼 선명히 기억하고 있다. 제삼자도 이런데 하물며 축구 선수가 정상 문턱에서 좌절한 아픔을 어찌 잊을 수 있을까.

승리냐 우승이냐, 목표를 명확히 하라

2018~2019시즌은 손흥민에게 가장 큰 전환점이었다. 프리미어리그에서 세 번째 시즌이었다. 손흥민은 팀의 주축이 됐고 프리미어리그 정상급 선수로의 발돋움을 준비하고 있었다. 6월 러시아 월드컵은 아픔이었다. 독일까지 잡았지만 결국 16강에 오르지 못했다. 8월 자카르타-팔렘방 아시안게임에서는 금메달을 손에 쥐며 병역 문제를 털어냈다. 이제 홀가분하게 축구에 집중할 수 있게 됐다.

손흥민의 기량은 폭발적이었다. 11월 첼시전에서 40미터를 드리블하며 조르지뉴와 다비드 루이스를 제치는 원더골(놀라운 수준으로 멋지게 넣은 골)을 만들어냈다. 이후 손흥민은 엄청난 활약을 하며 프리미어리그 전면에 이름을 올리기 시작했다.

2019년 아시안컵 8강전에서 탈락한 후 팀에 조기 복귀했다. 1월 30일 왓포드전을 시작으로 뉴캐슬, 레스터시티, 도르트문트(챔스 16강 1차전)까지 4경기 연속골을 쏘아올렸다. 이때부터 슬슬 '월드클래스' 타이틀이 붙기 시작했다. 까다로운 국내 팬 사이에서는 손흥민이 '월클(월드클래스)'이냐 아니냐를 두고 논란이 벌어졌다. 그러나 영국 현지에서는 이미 손흥민을 월드클래스 공격수로 분류하기 시작했다.

손흥민의 활약은 토트넘의 상황과 맞닿아 있었다. 토트넘은 이 시즌 단 한 명의 선수도 영입하지 않았다. 말 그대로 '영(0)입(入)'이었다. 이미 새 구장을 짓는 데 많은 돈을 써서 선수를 데려올 만큼의 여유 자금이 없었다. 사실상 성적은 포기했다는 뜻이다. 마우리시오 포체티노 감독으로서는 기가 찰 노릇이었다. 그래서 손흥민의 활약이 더욱 값졌다. 손흥민이 각성하면서 토트넘의 공격력은 강해졌다. 손흥민은 중요한 순간마다 골을 집어넣기 시작했다. 소중한 골들이었다.

이 시절 손흥민에게 목표가 팀 우승인지, 시즌 몇 골 달성인지 물은 적이 있다.

"더 발전하는 것이 목표예요. 다가오는 경기에 최선을 다하고 저의 120퍼센트 쏟아부을 거예요. 그러다 보면 골도 성적도 따라올 거예요."

교과서적인 대답이었다. 그러나 정론에 힘이 있고 원칙론에 답이 있다. 손흥민은 '매 경기에 최선을 다한다'는 목표를 세우고 앞으로 나아갔다. 맨시티와의 챔피언스리그 8강전에서도 그랬다. 그 누구도 토트넘의 승리를 점치지 않던 매치였다. 선수 영입도 하지 못한 토트넘이 거함 맨시티를 무너뜨릴 거라고는 누구도 상상하지도 못했다. 하지만 토트넘 선수들은 스스로의 가능성을 믿었고 1차전 홈에서 1-0으로 승리했다. 손흥민은 결승골을 넣었다. 케인이 다친 가운데 거둔 쾌거였다. 결승골을 넣은 후 손흥민은 카메라에 대고 소리쳤다.

"You know what? We are gonna win!(그거 알아? 우리가 승리할 거야!)"

일주일 후 영국 맨체스터 에티하드 스타디움. 맨시티와의 8강 2차전이 열렸다. 케인이 부상으로 빠진 상황이라 손흥민이 공격을 이끌어야 했다. 2골을 넣었지만 토트넘은 3-4로 졌다. 1, 2차전 합계 4-4 동률이었다. 원정 다득점 우선 원칙이 적용됐다. 원정에서 3골을 넣은 토트넘이 맨시티를 제치고 4강에 올랐다. 영국 언론들은 손흥민에게 극찬을 보냈다. 케인을 잊어버리게 했다며 박수와 환호를 동시에 보냈다. 손흥민이 경기를 지배한 것은 분명했다.

이제 토트넘도 챔피언스리그 체제로 전환했다. 4강전에서 아약스를 격파했다. 1차전 홈에서는 0-1로 졌다. 손흥민은 경고 누적으로 인해 이 경기에 나올 수 없었다. 2차전 원정에서 토트넘은 3-2로 승리했다. 전반전 0-2로 지고 있다가 후반에 3골을 넣으며 승리했다. 1, 2차전 합계 3-3. 원정에서 3골을 뽑아낸 토트넘이 결승에 올랐다.

손흥민의 2018~2019시즌은 연장됐다. 2019년 5월 12일 프리미어리그 38라운드가 끝이 아니었다. 6월 1일 챔피언스리그 결승전을 앞두게 됐다. 다른 대회에서 모두 우승에 실패한 토트넘으로서는 챔피언스리그 우승이 유일한 희망이었다.

결승전을 닷새 앞둔 5월 27일 영국 런던 토트넘 홋스퍼 트레이닝 센터로 향했다. 결승전을 앞두고 '미디어 오픈 데이'가 열렸다. 포체티노 감독과 무사 시소코가 기자회견에 나섰다. 이어진 믹스트존. 손흥민은 가장 마지막에 나왔다. 살도 더 빠지고 얼굴도 더 탄 상태였다. 얼마나 많은 훈련을 소화하고 있는지 알 수 있었다. 챔피언스리그 결승, 단 한 경기만을 남겨놓은 상황이지만 손흥민은 평소와 다름없이 말했다.

"이번 경기도 특별할 것 없이 준비한 대로 하려고요. 더 많은 모티베이션을 가지면 너무 힘이 들어갈 수 있어요. 준비만 잘된다면 경기장에서 모든 것을 보여줄 수 있는 컨디션이 될 것 같아요."

그러면서도 힘을 주는 부분이 있었다. 우승에 대한 욕심이었다.

"챔피언스리그 결승을 뛰는 건 모든 선수에게 꿈이에요. 저도 어린 시절에 (박)지성이 형이 챔스 결승을 뛰는 걸 보면서 언젠가 나도 저걸 뛰고 싶다고 생각했어요. 그만큼 너무나도 소중한 경기입니다. 하지만 결승에 올라와서 행복한 마음보다는, 결승에서 이기고 싶은 마음이 더 큽니다."

이렇게 욕심을 냈던 경기였다. 그러나 결국 패배로 귀결됐다. 준우승도 값지다. 그러나 우승에 실패했다는 사실에는 변함이 없다. 너무나도 아픈 결과였다.

패배로 더 선명해진 목표를 가슴에 새기고

아픔을 뒤로하고 손흥민은 한국으로 귀국했다. 호주와의 A 매치(국가대항전)를 앞두고 대표팀에 합류한 손흥민은 6월 5일 파주 국가대표 트레이닝 센터에 모습을 드러냈다. 훈련 후 진행한 인터뷰에서 그의 생각을 들을 수 있었다.

> "결승에 뛰는 게 아니라 이기는 게 꿈이었어요. 트로피를 보고도 가져가지 못한다는 생각에 상심이 컸지만 나에게는 잊지 못할 추억이에요."

담담한 말투였다. 그러나 이후 출간한 그의 책에는 챔피언스리그 결승 경기에 대해 한 문장이 더 적혀 있었다.

> '너무나 값진 경험인 것을 나도 잘 안다. 그런데 알아도 너무 아프다.'
>
> 손흥민《축구를 하며 생각한 것들》중에서

2019년 6월 겪은 패배의 아픔을 기점으로 손흥민은 뭔가 달라졌다. 조금 더 성숙해졌다는 말이 맞는 거 같다. 챔피언스리그 결승과 월드컵 결승 두 경기는 축구 선수라면 누구나 뛰고 싶은 꿈의 무대다. 월드컵 결승에 오르는 일은 사실상 손흥민에게 무리다. 한국 축구대표팀의 경기력으로는 16강 진출이 현실적인 목표다. 토트넘도 현실적으로 챔피언스리그 결승에 오르기 어려운 팀이다. 하지만 2019년에 단 한 번 챔피언스리그 결승을 밟았다. 기적이라고 하지만 선수단이 이뤄낸 현실이었다.

다시 한번 그 무대를 밟기 위해서는 더욱 자신을 발전시키고 팀을 위해 헌신해야 한다. 손흥민은 이를 깨닫고 팀의 리더가 되어 갔다. 팀을 위해 조금 더 이타적으로 플레이하기 시작했다. 모든 일의 중심에 축구를 두었다. 물론 다시 챔피언스리그 결승에 나설 수 있을지는 미지수다. 그래도 그 목표를 마음에 새기고 선수 생활 후반기를 후회 없이 달리고 있다.

P.S. 참고로 나는 챔피언스리그 결승과 큰 인연이 없는 것 같다. 현장 취재는 많이 갔다. 2009년 스타디오 올림피코(로마), 2011년 웸블리(런던), 2016년 산시로(밀라노), 2017년 밀레니엄 스타디움(카디프), 2018년 NSC 올림픽스타디움(키이우), 2019년 에스타디오 완다 메트로폴리타노(마드리드),

2022년 스타드 드 프랑스(파리) 등 총 일곱 번 현장에서 취재했다. 그런데 한국 선수의 승률은 0퍼센트다.

한국인 챔피언스리그 결승 첫 취재는 2009년 로마였다. 바르셀로나와 맨유가 격돌했다. 박지성이 출전했다. 맨유는 0-2로 졌다. 2011년 웸블리, 다시 바르셀로나와 맨유가 붙었다. 박지성도 나왔다. 맨유는 1-3으로 졌다. 그리고 2019년 손흥민의 눈물을 현장에서 지켜봤다. 한국인 선수 결승 출전 경기 현장 취재 3전 전패. 새벽 기도를 더 열심히 해야겠다.

내일은 더
나아질 거라는 주문

일기에는 자기 암시 효과가 있다. 그날 겪은 일을 기록함으로써 스스로를 돌아보게 되고 성장을 다짐하게 된다. 직접 쓴 증거물이 남으니 스스로 압박을 주는 효과도 있다. 은연중이라도 일기에 쓴 다짐을 지키기 위해 노력한다. 행동 하나하나가 변화하며 목표를 이루는 밑바탕이 된다. 실제로 목표를 이룬 사람들 대부분이 일기를 통해 자신을 성찰하고 나아갈 길을 재정립했다.

'내일을 위해, 손흥민 파이팅!'

손흥민도 그랬다. 대한축구협회 홈페이지에 가면 〈축구 꿈나무의 함부르크 유학기〉가 올라와 있다. 2008년 10월부터 2009년 1월까지 약 4개월의 기록이다. 대한축구협회와 유소년축구재단이 함께 한 '우수선수 해외유학 프로그램' 6기생들이 보내온 축구일지였다. 당시 손흥민은 김민혁(당시 순천고, 현 성남 FC), 김종필(당시 장훈고, 현 경남 FC)과 함께 함부르크에서 유학을 하고 있었다. 대한축구협회 담당자는 이들에게 축구일지를 쓰라고 주문했고 그 일부를 홈페이지에 올렸다. 이들의 경험을 많은 축구 꿈나무와 간접적으로나마 공유하기 위해서였다.

손흥민의 축구일지에는 여러 이야기가 나온다. 일상적인 내용이 대부분이다. 학교에서 공부한 이야기, 함부르크 아카데미에서 운동했던 이야기들이 적혀 있다. 만 16세 청소년의 글답게 귀여운 부분도 있다. 손흥민은 9월 13일 수업이 끝난 뒤 시내에 있는 중국 요리점에 간 모양이다. '자장면도 없고 짬뽕도 없어서 실망을 많이 했다'고 적었다. 사실 중국에도 자장면과 짬뽕은 없다. 한국 요리니까. 모든 것이 궁금하고 모든 것이 생소한 청소년다웠다.

그런데 일기를 훑어보면 손흥민만의 특징을 발견할 수 있다. 바로 일기 마지막에 쓴 문구다.

'내일을 위해! 손 흥 민 파 이 팅!!'

어떤 일이 있었고, 어떤 훈련을 했으며, 무슨 밥을 먹었는지 시시콜콜 적어놓은 뒤 마지막에는 항상 '내일을 위해, 손흥민 파이팅'이라고 적었다. 같은 말을 조금 세련되게 바꾸기도 했다. 어떤 일기에는 '내일은 어떤 일이 기다릴까? 하하'라고 쓰고 어김없이 '손 흥 민 파 이 팅'으로 마무리했다. 바로 자기 암시다.

어린 손흥민이 겪었을 고초를 상상해보자. 2008년 독일 함부르크. 유럽에 축구하러 왔다는 설렘은 한순간이고 곧 냉혹한 현실을 마주했을 것이다. 말도 할 줄 모른다. 영어는 떠듬떠듬하는 수준이고 독일어는 외계어나 다름없다. 텃세도 심하다. 독일 애들이 흘끔흘끔 쳐다본다. 곁을 내주려고도 하지 않는다. 말도 섞기 힘들다. 경기할 때 패스도 거의 오지 않는다. 음식도 낯설다. 스테이크나 빵도 이제는 물린다. 따뜻한 밥과 김치, 된장찌개가 너무나 그립다.

하루에도 열두 번씩 한국으로 돌아가고 싶다. 집에 가면 따뜻한 아랫목과 가족들이 기다리고 있다. 한국에는 같이 놀 친구들도 있다. 내가 무슨 영화를 누린다고 이역만리 타국에서 이 고생을 하고 있나 싶다.

이 상황에서 손흥민은 매번 스스로에게 암시를 불어넣었다. '내일을 위해 손흥민 파이팅.' 오늘은 힘들지만 내일은 더 나아질 것이라는 희망이 섞여 있다. 나만의 주문을 직접 기록하면서 약해지는 마음을 다잡고, '파이팅'이란 글귀를 입으로 반복해서 되뇌었을 것이다. 그러면서 스스로에게 다짐했을 것이다. '파이팅' 할 테니 이 고난을 이겨내 보자고.

당시 손흥민의 상황이 그의 마음을 더욱 다잡게 만들었다. 손흥민은 함부르크 유학 직전 FC 서울의 유스인 동북고에서 자퇴했다. 1년 유학 생활이 끝나고 한국으로 돌아가면 '무적(無籍)' 신세가 된다. 돌아갈 곳이 없는 것이다. 스스로 배수의 진을 치고 함부르크로 왔다. 유학 생활 후 유럽에서의 계약이 절실했다.

더군다나 손흥민은 한국 축구를 관통하는 문법을 거부한 선수였다. 중학교에 갈 때까지 기존 클럽이나 학교 축구부에 들어가지 않은 채 아버지인 손웅정 감독에게 개인 훈련만 받았다. 중학교 2학년에 되어서야 학교 축구부에 들어갔다. 이후 동북고등학교에 진학했지만 3개월 만에 자퇴하고 유럽으로 왔다. 일반적인 학원체육 시스템에 들어간 지 2년 3개월 만에 스스로 나온 것이다. 성과 없이 한국에 돌아간다면 '배신자이자 낙오자' 소리를 들을 수도 있었다. 그렇기에 손흥민은 더욱 절실했다.

자기 암시는 손흥민의 발을 더 바쁘게 만들었다. 성실하게 학교 수업과 훈련에 임했다. 기존 선수들도 손흥민에게 마음을 열었다. 패스를 주고 함께 어울리기도 했다. 손흥민은 유학 프로그램에 참여했던 3명의 선수 가운데 유일하게 함부르크의 유소년 선수 계약을 제안받았다. '내일을 위해! 손 흥 민 파이 팅'을 외치며 스스로 단련하던 시기에 대한 보상이었다.

루틴을 통한 자기 암시의 힘

손흥민은 지금도 자기 암시를 빼놓지 않는다. 우선 행동화된 자기 암시를 한다. 소위 말하는 '루틴'이다. 선수 생활 초반에는 자신의 우상인 크리스티아누 호날두의 행동을 차용했다. 선발 선수로 나서거나 교체로 들어갈 때 제자리 점프를 크게 한다. 피치(축구 경기장)로 들어간 이후에는 '우다다다' 스프린트로 경기장을 휘젓는다. 호날두가 그렇게 했다.

손흥민의 루틴은 어느 순간 간결하게 바뀌었다. 자신만의 루틴을 만든 것이다. 먼저 피치 위 사이드라인을 오른발로 밟는다. 그리고 다시 그 발로 한 번 더 점프해 깨금발로 피치에 들어간다. 이에 대해 질문하자 손흥민은 "제 루틴이에요. 그래야 마음이 편해요"라고 답했다. 늘 하던 루틴 행동을 통해 마음을 안정시키고 최상의 경기력을 다짐하는 의미가 있다.

많은 선수들이 자신만의 루틴을 가지고 있다. 세계적인 테니스 스타 라파엘 나달의 루틴이 대표적이다. 서브를 하기 전 나달은 엉덩이에 손을 댄다. 그리고 왼쪽과 오른쪽 어깨를 번갈아 터치한다. 코, 왼쪽 귀, 다시 코, 오른쪽 귀를 만진 후에야 서브를 내리꽂는다. 첫 서브가 들어가지 않을 때 넣는 세컨드 서브에서도 같은 루틴을 한다. 단, 어깨는 생략한다. 나달의 루틴은 또 있다. 벤치로 향할 때 수건을 볼퍼슨에게 건네받은 후 오른발로 라인 위를 지나간다. 물병은 상표가 코트 쪽을 향하게 일렬로 세워놓는다. 나달은 이 같은 행동에 대해 "나 자신을 경기에 온전히 임하도록 하는 행위"라며 "주변 환경을 정리해야 내 머릿속도 더 잘 정돈되는 느낌"이라고 설명했다.

일반인들도 그렇지 않은가. 공부나 업무를 시작하기 전 책상을 가지런히 정리해야 하는 사람이 있다. 물론 책상 정리에 모든 체력을 다 쏟아붓고 장렬히 잠을 자는 경우 있지만. 나는 학창 시절 교복 넥타이까지 제대로 채워야 공부에 더 집중할 수 있었다. 모두 행동적인 루틴을 통한 자기 암시의 재학습이다.

손흥민이 빠뜨리지 않고 하는 또 하나의 자기 암시는 바로 기도다. 경기에 들어가기 직전 고개를 숙이고 손을 모아 기도한다. 아주 짧은 기도다. 혹시 종교적인 기도냐고 물어보자 손흥민은 "그건 아니고요, 좋은 경기력을 다짐하는 기도예요"라고 답했다.

기도를 통한 자기 암시 효과는 높다. 여기서 기도는 종교적인 기도뿐만이 아니라 자기 자신에게 되뇌는 마음의 소리를 포함한다. 2016년 리우 올림픽 남자 펜싱 에페 개인전 결승이었다. 한국의 박상영은 9-13으로 지고 있었다. 2세트가 끝나고 박상영은 선수 대기석에 앉았다. 누가 봐도 박상영의 패배가 확실시된 상황이었다. 펜싱은 15점을 선취하면 경기가 끝난다. 에페는 0.04초 이내에 두 선수가 서로를 동시에 찌르면 두 선수 모두에게 득점을 준다. 박상영이 점수 차를 뒤집으려면 완벽한 다섯 차례의 득점이 필요했다. 사실상 불가능에 가까웠다. 그 순간 관중석에서 누군가가 "할 수 있다"고 소리쳤다. 그 소리를 들은 박상영은 "할 수 있다, 할 수 있다, 할 수 있다"를 반복해서 읊조렸다. 그가 이 말을 반복하는 모습이 TV를 통해 전 세계로 송출됐다. 이후 두 선수는 한 점씩을 주고받았다. 그리고 기적이 일어났다. 박상영이 연속 5득점으로 역전 우승을 일궈냈다. 시간이 흐른 후 박상영은 "관중석의 '할 수 있다'는 소리를 듣고 셀프 토크를 하며 마음을 다잡았다"고 말했다.

박지성도 자기 암시 효과를 많이 봤다. 그는 경기장에 들어서기 전 언제나 "내가 최고다"를 반복해서 읊조리며 다짐을 했다. 2008년 맨유와의 인터뷰에서 박지성은 "자신감을 얻기 위해 특별히 하는 것은 없다. 그러나 '내가 최고다'라는 생각을 하려고 여러 가지로 노력한다. 그러다 보면 자신감이 생기는 것 같다"고 말한 바 있다. 당시 박지성이 헤쳐 나가야 하는 현실의 벽은 매우 높았다. 맨유는 세계 최고의 팀이었다. 그만큼 포지션 경쟁자도 쟁쟁했다. 웨일스 출신으로 잉글랜드 무대의 전설인 라이언 긱스가 있었다. 그뿐인가. 크리스티아누 호날두, 루이스 나니, 안토니오 발렌시아도 있었다. 이런 쟁쟁한 선수들 틈바구니에서 박지성이 살아남을 수 있었던 이유 중 하나는 '내가 최고다'라는 자기 암시였다.

　행동과 다짐을 통한 자기 암시는 성공을 위한 주춧돌이다. 자신이 원하는 바를 이뤄낼 때까지 끊임없이 다짐하고 이를 루틴을 통해 이어나가는 것. 그 효과를 많은 인물들이 증명해왔다. 손흥민만 할 수 있는 일이 아니다. 작은 것이라도 좋다. 스스로에게 보낼 메시지를 하나 떠올리고, 이를 담은 루틴을 만듦으로써 자기 자신을 다잡을 수 있다.

　나도 이 책을 쓰면서 자기 암시를 담은 루틴을 하나 만들었다. 전문 작가처럼 글을 잘 써야 한다는 부담감 때문이었는지 처음에는 좀처럼 진도가 나가지 않았다. 그래서 스스로에게 메시지를 보냈다. '힘을 빼라.' 다짐과 함께 작은 루틴도 만들었다. 잘 안 풀릴 때마다 목을 왼쪽으로 두 바퀴, 그리고 오른쪽으로 두 바퀴 돌렸다. 힘을 빼고 글을 쓰기 시작하자 신통하게도 진솔한 이야기가 술술 나왔다. 진도도 확 빠졌다. 다시 막힐 때는 루틴대로 목을 돌렸다. 그러면 목이 시원해지는 것과 동시에 안갯속 같았던 머리가 깨끗해졌다. 누구나 실천만 하면 큰 효과를 볼 수 있는 자기 암시의 힘이다.

'지금 여기'에
집중하는 법

＊

영국 축구의 성지 웸블리. 경기장을 가득 채운 관중들은 기립박수를 보냈다. 손흥민을 향한 박수였다. 2018년 9월 15일 토트넘과 리버풀의 프리미어리그 경기 킥오프 15분 전. 이날 손흥민은 벤치에서 시작했다. 몸을 풀고 라커룸으로 들어가는 손흥민을 장내 아나운서가 멈춰 세우고 뭔가를 전달했다.

'2018년 자카르타–팔렘방 아시안게임 남자 축구 금메달'.

손흥민은 금메달을 들고 관중들에게 인사했다. 관중들도

이 의미를 알고 있었다.

'미션 컴플릿!'

그동안 손흥민을 압박하던 병역에서 해방되는 순간이었다.

한창때 발목 잡은 병역 의무

대한민국 헌법 제39조

① 모든 국민은 법률이 정하는 바에 의하여 국방의 의무를
   진다.

② 누구든지 병역의무의 이행으로 인하여 불이익한 처우를
   받지 아니한다.

대한민국 병역법 제3조

① 대한민국 국민인 남성은 헌법과 이 법에서 정하는 바에
   따라 병역의무를 성실히 수행하여야 한다. 여성은 지원에
   의하여 현역 및 예비역으로만 복무할 수 있다.

   손흥민도 병역에서 자유롭지 않았다. 대한민국 국민인 이

상 군대를 가야만 했다. 운동선수에게 병역은 큰 어려움이다. 전성기를 구가해야 하는 시점과 병역의무 이행 시점이 겹친다. 때문에 병역은 큰 부담일 수밖에 없다. 병역의무를 해결할 수 있는 방법은 세 가지였다.

첫 번째는 군대를 다녀오는 것이다. 사실상 모든 것을 포기해야 하는 선택지다. 해외에서 쭉 활동했기 때문에 K리그 군팀인 국군체육부대(상무)에도 입대할 수 없었다. 상무에 입대하기 위해서는 지원 직전 K리그 팀에서 6개월간 뛰어야 한다. 독일에서 뛰던 권창훈이 한국으로 복귀해 6개월을 뛰고 상무에 입대한 경우가 대표적이다. 손흥민은 일반병으로 1년 6개월을 복무해야 한다. 1시즌 반 허송세월이다. 제대 후 망가진 몸을 재건하는 데도 많은 시간이 걸린다. 손흥민에게 입대는 곧 은퇴나 마찬가지였다.

두 번째는 부상으로 병역 면제를 받는 것이다. 부상 및 질병으로 인한 병역 면제 조건에는 여러 가지가 있다. 무릎 십자인대 부상이 대표적이다. MRI에서 십자인대 손상이 확인되고, 의사가 판단했을 때 필요하면 십자인대 재건수술을 받아야 한다. 이 역시 몸이 생명인 선수들에게는 해당되지 않는 경우다. 수많은 선수들이 무릎을 다치면서 선수 생활에 종지부를 찍었다. 병역 면제와 선수 생명을 맞바꿀 수는 없다.

세 번째는 예술체육요원 자격을 얻는 것이다. 현역병으로 복무하는 대신 2년 10개월간 예술체육 분야에 종사하여 해당 분야 발전에 기여하는 복무제도다. 올림픽에 출전해 3위 이상 혹은 아시안게임에서 1위의 성적을 냈을 때 혜택을 받는다. 이는 병역 면제가 아니다. 기초군사훈련을 받고 2년 10개월간 해당 분야에 종사하면서 사회봉사 활동도 해야 한다. 해외에 나갈 때는 병무청에 신고도 해야 한다. 그래도 합법적으로 현역 선수 생활을 유지할 수 있는 가장 좋은 방법이다. 손흥민이 병역을 해결할 수 있는 가장 이상적인 방법이었다.

여섯 번의 기회와 네 번의 실패

손흥민에게도 예술체육요원이 될 수 있는 기회가 몇 차례 있었다. 만 29세가 되는 2021년 전에 열리는 올림픽과 아시안게임이었다. 2010년 광저우 아시안게임, 2012년 런던 올림픽, 2014년 인천 아시안게임, 2016년 리우 올림픽, 2018년 자카르타-팔렘방 아시안게임, 2020년 도쿄 올림픽까지가 병역 문제를 해결할 수 있었던 대회였다.

2010년 광저우 아시안게임. 손흥민은 만 18세였다. 당시 대표팀 감독이던 홍명보 감독은 이 대회를 2012년 런던 올림픽 전초전으로 삼았다. 원래대로라면 1987년생 선수까지 나갈 수 있었다. 그러나 홍 감독은 1989년생(당시 만 21세) 선수 7명, 1990년생 선수 8명, 1991년생 선수 1명으로 라인업을 구성했다. 2년 후 열릴 런던 올림픽을 위해 구성한 선수단이었다.

1992년생 18세였던 손흥민은 홍명보 감독의 레이더망에 없었다. 홍 감독이 잘 알던 선수도 아니었다. 단 한 번도 훈련을 위해 부르지 않았다. 공격진에 자리도 없었다. 손흥민은 광저우에 나갈 수 없었다. 홍명보호는 광저우에서 동메달에 그쳤다. 선수 모두 병역 특례에 실패했다.

2012년 런던 올림픽이 다가왔다. 홍명보 감독과 대한축구협회가 심혈을 기울인 대회였다. 홍명보 감독은 자신만의 팀을 꾸렸다. 올림픽을 앞두고 치른 경기에서 홍명보호는 공격에 아쉬움을 보였다. 손흥민을 뽑아야 한다는 여론이 일었다. 그러나 손흥민은 결국 뽑히지 않았다. 홍명보 감독의 전술적인 선택이었다. 대한축구협회는 함부르크에 손흥민 차출 협조 공문을 보내지도 않았다. 2009년 이집트 20세 이하 월드컵 때부터 홍명보 감독과 함께한 선수들을 외면할 수 없었다.

손흥민이 홍명보 감독의 부름을 거절했다는 루머가 있었다. 키커지(독일 축구전문지)의 거짓 기사도 있었다. 손흥민은 2012년 여름 춘천에서 이 같은 루머를 부인했다. 그런 내용의 인터뷰 자체를 하지 않았다고 했다. 그러나 이런 해명에도 불구하고 손흥민에게 이 사태는 다시 한번 상처가 됐다. 2012년 런던 올림픽 3~4위전에서 홍명보호가 일본을 2-0으로 누르고 동메달을 따냈다. 그 순간 네이버 실시간 검색어 1위는 손흥민이었다.

병역 특례가 걸린 그다음 대회는 2014년 인천 아시안게임이었다. 모든 것이 호재였다. 우선 손흥민을 잘 아는 이광종 감독이 지휘봉을 잡았다. 팀도 1991년생과 1992년생 선수가 주축이었다. 손흥민은 A대표팀(국가대표팀)에서 한 축을 담당하고 있었다. 모두가 손흥민이 인천으로 오는 줄 알고 있었다.

이번에는 소속팀이 발목을 잡았다. 레버쿠젠이 갑자기 손흥민 차출을 반대했다. 아시안게임은 소속팀에 차출 의무가 없다. 대한축구협회와 손흥민 측은 아시안게임의 순기능에 대해 계속 설명했다. 무엇보다도 금메달을 통해 병역 특례를 받으면 향후 이적 시 몸값이 엄청 높아진다는 점을 강조했다. 그러나 레버쿠젠의 결정은 한마디로 '나인(Nein)'. 손흥민은 독일에서 친구들의 금메달과 병역 특례 획득을 지켜봐야만 했다.

다음 대회는 2016년 리우 올림픽이었다. 손흥민은 2014년 브라질 월드컵 알제리전에서 분투의 골을 넣었다. 2015년 호주 아시안컵에서는 에이스로 성장했다. 대한축구협회로서도 손흥민을 국방부로 보낼 수 없었다. 아니, 보내면 안 됐다. 이제 손흥민은 대한축구협회의 '특별관리대상'이 됐다. 이광종 감독의 갑작스러운 별세로 올림픽팀을 맡게 된 신태용 감독도 손흥민을 예뻐했다. 2016년에 만 24세인 손흥민을 위해 와일드카드(23세 초과 선수 3명까지 예외로 올림픽 출전 가능) 한 장은 무조건 쓰겠다고 했다. 손흥민은 언제나 "태극마크는 큰 영광"이라며 준비를 철저히 하고 있었다.

문제는 소속팀이었다. 레버쿠젠과 달리 토트넘은 머리 회전이 빨랐다. 대한축구협회가 먼저 딜을 했다. 토트넘에 '2016년 3월에 있을 A매치에 손흥민을 차출하지 않겠다. 대신 8월에 있을 올림픽에 와일드카드로 뽑겠다. 차출에 협조

해달라'고 제안했다. 토트넘 입장에서는 좋은 제안이었다. 3월은 프리미어리그 순위 싸움으로 엄청나게 민감한 시기다. 소속 선수의 대표팀 차출은 팀에 큰 부담이다. 반면 8월은 시즌이 막 시작되는 때여서 부담이 덜하다. 만약 손흥민이 올림픽에서 메달이라도 따오면 홍보도 된다. 향후 손흥민을 팔 때 이적료도 더욱 많이 받을 수 있다. 토트넘은 바로 '오케이'를 외쳤다.

조별 리그에서 대표팀은 2승 1무로 조 1위를 차지했다. 손흥민은 2골을 넣었다. 8강전 상대는 약체 온두라스였다. 다들 손흥민이 이끄는 신태용호가 4강에 오를 것이라 생각했다. 모든 게 순조롭게 풀리는 듯 보였다. 하지만 온두라스전은 0-1 패배. 결정적인 득점 기회를 놓친 손흥민이 패배의 주범으로 낙인찍혔다. 경기 종료 후 손흥민은 울음을 터뜨렸다. 그렇게 브라질은 손흥민에게 눈물의 땅이 됐다.

벼랑 끝에서 발휘한 초고도 집중력

2년이 지났다. 손흥민은 더 성장했다. 토트넘 방출 1순위였다가 없어서는 안 될 주전 멤버가 됐다. 그럴수록 손흥민의 병역 문제는 이슈가 됐다. 2018년 러시아 월드컵 이후 열리는 2018년 자카르타-팔렘방 아시안게임 출전은 기정사실화됐다. 이번에는 토트넘도 적극적이었다. 병역을 해결하지 못하면 여러 가지 문제가 발생하기 때문이다.

일단 손흥민 활용에 문제가 생긴다. 당시 병역법상 만 29세까지는 입대해야 했다. 손흥민의 만 29세 도래 시기는 2021년이었다. 손흥민이 그때까지 병역을 해결하지 못하면 K리그로 임대 보낸 후 국군체육부대에 보내야 하는 상황에 직면할 수 있었다. K리그 6개월에 국군체육부대 1년 6개월까지 총 2년을 무상으로 보내야 하는 상황이었다.

손흥민이 국외 이주자 자격으로 만 37세까지 병역을 연기하는 방법도 있었다. 병무청은 24세 이전 해외 이주자의 경우 37세까지 국외 여행 기간 연장 허가를 가능하게 했다. 박주영이 유럽에서 더 오랫동안 뛰기 위해 시도했던 방법이다. 석현준은 이 방법으로 병역을 미루려고 했다. 하지만 결국 탈이 나면서 병역 회피 사범이 되고 말았다. 결국 석현준은 선수 생활을 이어가지 못하고 2022년 한국으로 돌아왔다. 만약 손흥민이 병역을 해결하지 못해 이 방법을 썼다면 대한민국 사회에 큰 파문이 일었을 것이다. 토트넘도 손흥민도 섣불리 쓸 수 없는 카드였다. 2018년 자카르타-팔렘방 아시안게임 금메달이 절실했다.

벼랑 끝에 몰린 손흥민은 '축구의 본질'에 집중했다. 집중력을 흩뜨리는 병역 문제는 생각하지 않았다. 축구만을 생각했다. 결과를 내는 일에 집중했다. 승리, 그리고 금메달만이 살길이었다.

손흥민은 김학범호에 합류했다. 손흥민은 조별 리그 2차전부터 투입됐다. 말레이시아와의 경기에서 김학범호는 1-2로 졌다. 손흥민은 후반 12분 교체 투입됐다. 하지만 이렇다 할 모습을 보이지 못했다. 인터뷰에서 손흥민은 강한 말을 쏟아냈다. "솔직히 창피하다. 선수들에게 방심하면 큰일난다고 이야기했는데 이런 일이 벌어졌다"고 했다. 자기 자신을 다잡는 말이었다. 주장인 손흥민의 자아비판에 다른 선수들도 바짝 긴장했다. 축구의 본질, 골을 넣고 골을 내주지 않는 것, 김학범호 선수들은 여기에만 집중했다.

3차전 키르기스스탄전은 손흥민에게 힌트를 줬다. 이날 손흥민은 결승골을 넣었다. 김학범호는 1-0으로 승리했다. 손흥민은 경기 내내 집중 견제를 당했다. 볼만 잡으면 두 명, 세 명이 달려들었다. 손흥민은 이를 역이용하기로 했다. 이란과의 16강전부터 골 욕심을 버렸다. 대신 수비를 끌고 다니면서 비어 있는 동료 선수들을 활용했다. 목표는 오직 승리였다. 이란, 우즈베키스탄, 베트남을 격파했다. 결승까지 올랐다. 결승 상대는 일본이었다.

2018년 9월 1일 일본과의 아시안게임 결승전을 앞둔 시각. 한국에 있던 나는 지인 및 업계 관계자들에게 전화를 돌렸다. 동향을 보기 위해서였다. 당시 대부분의 언론은 한국의 금메달 획득 여부를 놓고 두 가지 버전의 기사를 준비하고 있었다. 한국이 금메달을 따지 못했을 때 손흥민의 병역 문제 해결 방안에 대한 기사들이었다. 동향을 파악한 후 속으로 기도했다. 제발 김학범호가 금메달을 따게 해달라고. 그래야 시끄러워지지 않고 모두가 행복해진다고.

하늘이 이 기도를 들었다. 한국은 연장 접전 끝에 일본을 2-1로 눌렀다. 결승골을 넣은 이승우가 일본 도요타 광고판을 밟고 올라서는 세리머니가 압권이었다. 손흥민은 동생들과 환하게 웃으며 금메달 획득을 기뻐했다. 손흥민은 아시안게임에서 1골 5도움을 기록했다. 도움 숫자에서 알 수 있듯 손흥민은 팀의 피니셔가 아닌 도우미로 활약했다. 손흥민이 만약 병역 문제에 집착해 혼자 모든 것을 해결하려고 했으면 2016년 리우 올림픽의 전철을 밟았을 것이다. 손흥민은 승리란 최종 목표 앞에서 희생과 헌신을 택했고 오직 팀을 승리로 이끄는 데에만 집중했다. 팀의 주역이 아니라도 좋았다. 팀과 함께 금메달을 따냈다.

아무리 흔들려도 '지금 이 순간'

경기 후 손흥민은 기자회견에서 '병역'의 'ㅂ'도 꺼내지 않았다. 금메달의 공로를 동생들과 국민들에게 돌렸다. 손흥민의 주가는 급상승했다. 이어진 A매치에서 수많은 팬들이 손흥민에게 박수를 보냈다. 돌아온 런던 웸블리에서도 팬들이 박수를 보냈다. 고진감래, 칠전팔기. 병역 해결을 향한 손흥민의 긴 여정은 결국 드라마틱한 승리로 끝이 났다.

다시 9월 15일 런던 웸블리. 리버풀전이 끝나고 손흥민과 만났다. 경기는 아쉽게 1-2로 졌다. 여러 이야기를 하다가 아시안게임 금메달 이야기를 꺼냈다.

"일단 너무나 좋아요. 팬들이 많이 환영해주시고 축하해주셔서 책임감도 느끼고 있어요. 제게 많이 기대하시는 만큼 앞으로 팬들의 갈증을 채워드리는 것이 선수로서 해야 할 일입니다."

진정한 실력은 절체절명의 상황에서 판가름이 난다. 벼랑 끝에 선 순간에도 손흥민은 오로지 '지금 이 순간 바로 여기'에서 벌어지는 일에만 집중했고, 결국 멋지게 '미션 컴플릿!' 할 수 있었다.

P.S. 만약 손흥민이 아시안게임에서 금메달을 따지 못했다면 어떤 길을 걸었을까. 내가 아는 손흥민이라면 요리조리 병역을 피하기보다 당당히 한국행을 택했을 것이다. 이전부터 이런 결심을 하고 있었음이 틀림없다.

즉각 반응하지 않는
연습

✳

억울하고 화가 나는 감정을 숨기기는 어렵다. 다만 화를 내는 타이밍이 중요하다. 손흥민도 감정 조절, 특히 '앵거 매니지먼트'에 실패한 순간들이 있었다. 경기 중 퇴장당한 순간들이었다.

손흥민의 공식 경기 첫 퇴장은 2014년 10월 29일로 레버쿠젠에서의 두 번째 시즌이었다. 당시 4부 리그에 있던 마그데부르크와 독일축구협회(DFB) 포칼 2라운드 경기였다. 손흥민은 후반 33분 상대 선수와 볼 다툼을 벌이다 레드카드를 받았다. 원인은 상대 선수가 제공했다. 상대 선수는 손흥민의 머리채를 잡아채는 등 거칠게 수비했다. 주심은 파울을 불었다. 그때 손흥민이 볼을 차듯이 오른발을 휘둘렀다. 상대 다리를 가격했고 상대는 쓰러졌다. 주심은 보복성 파울이라고 판단, 레드카드를 꺼내들었다. 손흥민은 억울해했다. 그라운드를 빠져나가면서 경기 감독관에게도 격하게 항의했다. 코칭스태프들이 말리기도 했다. 그러나 퇴장은 번복되지 않았다. 손흥민은 첫 퇴장 이후 5년 가까이 퇴장도, 경고 누적에 의한 출전 정지도 없었다. 깔끔하고 신사적인 플레이를 했다.

세 번의 레드카드와 퇴장의 여파

그러나 손흥민에게도 질풍노도의 시기가 찾아왔다. 2019년 한 해에만 세 번의 퇴장을 당했다.

2019년 5월 4일 손흥민은 본머스 원정 경기에 나섰다. 전반 43분 상대 진영 페널티 박스 왼쪽 부근에서 볼을 다퉜다. 손흥민이 볼을 잡으려고 허리를 숙였다. 본머스 미드필더 헤페르손 레르마가 뒤에서 접근해 발을 갖다 댔다. 손흥민은 이미 레르마의 과격한 플레이에 화가 나 있던 상태였다. 손홍민은 레르마를 거칠게 밀었다. 레르마는 쓰러졌다. 주심은 곧바로 레드카드를 꺼내들었다.

그다음 퇴장은 11월 3일 에버턴 원정이었다. 손흥민은 안드레 고메스의 볼을 빼앗으려 태클을 했다. 고메스는 뒷걸음질 쳤고 뒤에 있던 오리에의 발에 걸려 발목을 다쳤다. 손흥민은 퇴장당했다.

손흥민은 12월 22일 첼시전에도 레드카드를 받았다. 후반 17분이었다. 첼시 수비수 안토니오 뤼디거의 거친 몸싸움에 밀려 넘어졌다. 손흥민은 넘어지면서 뤼디거를 향해 다리를 드는 행동을 했다. 뤼디거는 가슴을 부여잡고 쓰러졌다. 비디오 판독(VAR) 끝에 손흥민은 레드카드를 받고 퇴장당했다.

한 해 동안 세 번의 퇴장은 잉글랜드 프리미어리그에서도 9년 만에 나온 진기록이었다. 바로 이전 기록은 선덜랜드에서 뛰던 리 캐터몰이 가지고 있었다. 캐터몰은 2010년 세 번 레드카드를 받았다.

퇴장의 영향은 컸다. 우선 소속팀이 힘들어졌다. 2014년 마그데부르크전. 손흥민의 퇴장으로 레버쿠젠은 수적 열세에 빠졌고, 패배 직전까지 갔다. 연장전까지 가서 겨우 무승부를 만들고 승부차기 끝에 간신히 승리했다. 챔피언스리그에 나가는 팀이 4부 리그에 쩔쩔 매다 간신히 이긴 것이다. 이겼지만 사실상 진 것이나 다름없었다. 고전의 이유는 손흥민이었다. 2019년 본머스 원정. 손흥민이 빠지고 수비수인 후안 포이스까지 퇴장으로 빠졌다. 토트넘은 9명으로 본머스를 상대했다. 수적 열세를 이기지 못한 토트넘은 0-1로 졌다. 에버턴 원정. 역시 손흥민이 빠지고 토트넘은 힘겨운 경기를 펼쳤다. 결국 1-1로 비기며 승리를 쟁취하지 못했다. 첼시전 역시 마찬가지였다. 손흥민 퇴장 후 토트넘은 0-2로 졌다.

이상 손흥민이 레드카드를 받은 4경기에서 소속팀의 성적은 1승 1무 2패였다. 여기서 1승은 4부 리그팀을 상대로 한 승부차기 승리로, 큰 의미가 없다. 결국 손흥민의 퇴장이 팀에 큰 악영향을 미쳤다는 이야기다. 특히 본머스전 패배는 팀에 큰 위기를 초래할 뻔했다. 본머스전은 37라운드로, 이 경기 이후 리그 종료까지 1경기를 남긴 상황이었다. 토트넘은 당시 첼시, 아스널과 치열한 4위권 다툼을 하고 있었다. 4위 안에 들어야 그다음 시즌 챔피언스리그에 나갈 수 있었기 때문이다. 그런데 본머스전 패배로 3위였던 토트넘은 4위로 추락했다. 자칫 잘못했으면 5위로 밀려날 뻔했다.

퇴장은 손흥민 개인에게도 손해였다. 본머스전의 퇴장 후 3경기 출전 정지 징계를 받으며 손흥민은 2018~2019시즌 프리미어리그를 마감했다. 당시 손흥민은 이전까지 자신의 시즌 최다골 기록이었던 21골(2016~2017시즌) 경신에 도전하고 있었다. 그러나 본머스전 퇴장으로 기록 경신 기회를 사실상 잃어버리고 말았다. 이어 2019~2020시즌 초반 2경기도 결장할 수밖에 없었다. 손해가 이만저만이 아니었다.

챌시전에서 퇴장당한 후에도 손흥민은 3경기 출전 징계를 추가로 받았다. 브라이턴, 노리치시티, 사우스햄턴전이었다. 손흥민이 충분히 골을 노릴 수 있고, 넣을 수 있는 팀이었다. 그러나 이들 경기에 나서지 못하면서 득점 기회도 날아갔다.

상대의 더티 플레이에 반응하지 마라

에버턴전 퇴장은 결과적으로 오심이었다. 그 경기 직후 토트넘은 잉글랜드 축구협회(FA)에 판정에 대한 이의를 제기했다. FA는 손흥민의 태클에 고의성이 없었다고 판단했고 추가 결장 징계를 감면했다.

챌시전 퇴장은 애매모호했다. 손흥민이 넘어지면서 발을 들어 올린 행위를 놓고 갑론을박이 벌어졌다. 넘어지면서 균형을 유지하기 위한 자연스러운 행동이었는지 아니면 보복을 위한 고의적 행동이었는지 의견이 분분했다. 다른 선수의 사례도 소환됐다. 잉글랜드 국적의 수비수 해리 매과이어가 이와 비슷한 행동을 한 적이 있다. 이때 주심은 매과이어에게 파울을 선언하지 않았다. 손흥민이 잉글랜드 국적이 아닌 아시아인이기 때문에 차별적인 판정을 받았다는 의견도 있었다.

오심이었던 에버턴전을 제외한 나머지 퇴장 이유의 핵심은 '보복성이 있었다'는 점이다. 손흥민은 다른 선수들의 견제를 심하게 받는다. 수비수 입장에서 손흥민은 발이 빨라 성가신 존재다. 그래서 기를 죽여놓기 위해 일부러 거친 플레이를 한다. 자신 앞으로 달려들지 못하도록 미리 '약을 치는' 것이다. 하지만 손흥민은 쉬이 흥분하지 않는다. 상대의 거친 플레이에 일일이 반응하면 프리미어리그에서 살아남을 수 없기 때문이다.

선수들만 아는 순간이 있다. 선수끼리 서로 파열음을 내며 몸을 부딪히다 보면 상대의 의도를 느낄 때가 있다. 단순히 겁을 주기 위한 거친 플레이인지, 아니면 상대 선수의 부상을 목표로 한 의도적이고 폭력적인 플레이인지. 후자라면 손흥민도 반응할 수밖에 없다. 다리를 노리고 깊은 태클이 들어오거나 도를 지나친 지저분한 플레이로 신경을 건드릴 때다. 본머스전과 첼시전 모두 이런 경우였다. 상대의 더티 플레이에 손흥민이 반응했고, 결국 퇴장당했다.

첼시전 퇴장 이후 손흥민은 감정을 통제하고 추스를 줄아는 선수로 성장했다. 세 번의 퇴장이 있던 2019년 이후 아직까지 퇴장이 한 번도 없다는 사실이 그 증거다(2022년 10월 기준). 경기 중 평정심을 유지하기 위해 애쓴다. 자신의 돌발 행동으로 팀과 동료들에게 피해를 줄 수 없기 때문이다. 거친 파울을 당하는 경우는 여전히 많다. 손흥민을 의도적으로 노리고 들어오는 선수들도 많다. 그럴 땐 즉각 반응하기보다 누워 있는 쪽을 택한다. 누워서 통증을 완화시키고 감정을 추스른다. 반응하지 않음으로써 승리하는 손흥민만의 방법이다.

2장

—

패배의 두려움에서
자유로워지는 법

고통을 긍정하면
자유가 올 것이다

'월클'의
휴식기 활용법

✳

2022년 여름. 너무나 더웠다. 가만히 있어도 숨이 턱턱 막혔다. 코로나19 때문에 마스크를 써서 그렇게 느껴졌다고? 그렇지 않다. 마스크를 쓰지 않는 런던에서도 평년보다 덥기는 마찬가지였다. 수치를 살펴보자. 2022년 7월 전 세계 평균 기온은 섭씨 16.65도였다. 관측 이래 143년 동안 여섯 번째로 높았다. 20세기 100년간 7월 평균 기온인 섭씨 15.8도보다 0.87도 높았다. 북미의 7월은 역대 2위, 아시아는 3위, 남미는 4위로 높은 기온에 랭크됐다.

한국도 더위에서 자유로울 수 없었다. 2022년 7월 상순

(7월 1일부터 10일) 전국 평균 기온은 섭씨 27.1도였다. 1973년 기상청이 관측망을 전국적으로 대폭 확충한 이후 가장 높은 기온이었다. 7월 전체로 확장해보자. 평균 기온은 섭씨 25.9도로 예년 평균보다 1.3도 높았다. 전국 폭염 일수는 5.8일로 평년보다 1.7일, 열대야 일수는 3.8일로 평년보다 1.0일 각각 많았다. 말 그대로 푹푹 찌는 날들의 연속이었다. 지구 온난화의 영향으로 한국이 더 이상 온대 기후가 아닌 아열대 기후로 바뀌고 있다는 소식도 들려오던 시절이었다.

2022년 7월 초 유례없는 폭염 가운데 서울 곳곳에서 손흥민 목격담이 들려왔다. 서울 성동구 성수동 인근 한강 공원 도로에서였다. 손흥민은 모자나 고글, 마스크 등으로 얼굴을 가리지 않았다. 폭염 속에도 뛰는 것에 집중했다. 폭우로 한강 공원 도로는 온통 갯벌이 된 상황이었다. 운동복 이곳저곳에 진흙이 다 튀었지만 아랑곳하지 않았다. 손흥민은 폭염 속에서 뛰고 또 뛰었다.

또 다른 목격담은 서울 아차산 인근 조기축구회 모임이었다. 프리미어리거 손흥민이 나타나 축구를 했다. 물론 한 유튜브 채널 영상 촬영의 일환이기도 했다. 손흥민은 폭염에도 쉬지 않고 뛰고, 또 축구를 했다. 성남 FC의 훈련 현장에서

함께 훈련을 하기도 했다. 모두가 자신의 체력 단련에 초점
을 맞추고 있었다.

채우기 위해 비워야 한다

2017년 5월 21일 영국 킹스턴 어폰 헐에 있는 KCOM 스타
디움. 헐시티와 토트넘의 2016~2017시즌 잉글랜드 프리미
어리그 38라운드 최종전이 끝났다. 토트넘은 7-1 대승을 거
뒀다. 경기 후 믹스트존에서 손흥민을 만났다. 인터뷰를 했
다. 그리고 녹음기를 껐다. 시즌도 끝났으니 이런저런 이야
기를 현장에서 나눴다.

> "이제 한국 가서 좀 쉬겠네요. 그동안 고생했어요."
> "시즌도 끝났으니 조금 쉬기는 해야죠. 너무 빡센 시즌
> 이었어요."
> "저기 손흥민 선수, 한국에 있는 취재진들 사이에서 도
> 는 이야기인데요. 몇몇 파파라치성 매체들이 손흥민 선
> 수가 오자마자 카메라 들고 졸졸 따라다닐 예정이라고
> 하더라고요. 조심할 일은 없겠지만 알고 있으면 도움이

될 거 같아요."

"에휴, 그래요."

"힘들죠? 이제 잠시 쉬어갈 타이밍인데 누군가가 성가시게 하네요."

"그러게요. 저도 사람인데 쉴 때는 쉬어야죠, 에효."

이 말을 끝으로 손흥민과의 2016~2017시즌을 마무리했다. 갑자기 왜 이 이야기가 나왔을까.

EPL에서 뛰고 있는 선수들은 쉴 틈이 거의 없다. 보통 8월 말 시즌이 시작되고 5월 말 시즌이 끝난다. 프리미어리그 경기는 팀당 38경기다. 여기에 유럽 대항전이 추가된다(유럽 대항전에 나가게 된다면). 챔피언스리그나 유로파리그, 유로파콘퍼런스리그 등이다. 조별 리그부터 나서면 기본적으로 6경기를 해야 한다. 토너먼트로 올라가면 더욱 경기 수가 늘어난다. 리그컵과 FA컵도 있다. 경기 수가 더 늘어날 수밖에 없다. 그사이 A대표팀 경기도 있다. 보통 9월, 10월, 11월, 3월에 2주 정도 A매치를 치른다. 2경기 혹은 3경기씩을 하고 온다. 이래저래 50경기 정도는 하게 된다. 총 9개월, 대략 270일로 잡자. 50경기면 5일 간격으로 한 경기씩 치른다는 단순 계산 결과가 나온다.

경기를 치르는 과정을 보자. 일단 경기가 있기 전 훈련이 있다. 보통 선수들은 오전 9~10시에 훈련장으로 출근한다. 아침 식사를 하고(집에서 먹고 오는 경우도 많다) 코칭스태프들과 만난다. 개인별 프로그램에 따라 개인 훈련을 진행한다. '쇠질(근력운동)'을 하거나 코어 증강 훈련 등을 한다. 그리고 훈련장으로 나간다. 1시간 30분 정도 훈련을 한다. 훈련 프로그램은 상황에 따라 다르다. 3일마다 경기를 치르는 시기라면 다른 훈련을 하기 힘들다. 미니 게임 등을 통해 선수들의 감각을 유지시키는 정도다. 팀 훈련이 끝나면 점심을 먹는다. 이후 일정에 따라 팀 미팅을 가지거나 개인 운동을 하거나 한다. 오후에 퇴근한다. 경기 전날까지 이런 훈련이 반복된다.

경기 전날은 두 가지로 나뉜다. 홈경기일 경우 보통 훈련 후 훈련장 내 합숙소로 향한다. 토트넘 훈련장에는 '더 로지(the lodge)'라는 합숙시설이 있다. 특급 호텔급 시설을 자랑한다. 이곳에서 하루를 선수들과 함께 보낸다. 가정이 있는 유부남 선수들은 집에 가서 저녁을 먹고 다시 로지로 오기도 한다. 물론 모든 팀이 합숙하는 것은 아니다. 그러나 토트넘은 대개 경기 전날 합숙을 해왔다. 원정 경기를 가는 날이면 팀 훈련 후 이동한다. 대개 전세기를 이용한다. 토트넘 훈련장에서 좀 더 북쪽에 있는 스탠스테드 공항에서 전세기를 탄다. 목적지에 도착하면 호텔로 이동한다.

경기 당일에는 경기를 치르기 전까지 휴식을 취한다. 저녁 경기일 경우 코칭스태프 재량에 따라 잠깐 몸을 풀러 나가기도 하고, 호텔 내 피트니스 센터에서 몸을 깨우기도 한다. 그리고 경기를 치른다. 경기는 치열하다. 많은 에너지를 받는다. 수만 명이 지르는 함성 속에서 자신의 모든 것을 쏟아붓는다. 체중 1~2킬로그램은 그냥 빠진다. 몸에서는 아드레날린이 끊임없이 분비된다.

경기가 끝나면 쿨다운(운동을 마친 뒤 몸을 풀기 위해 하는 가벼운 운동)을 한 뒤 인터뷰를 하고 가족과 함께 집으로 온다(원정일 경우 버스를 타고 함께 이동해 바로 훈련장으로 돌아간다). 집에 오면(원정일 경우 팀 합숙 숙소에 오면) 공허하다. 아드레날린을 너무 뿜어서 잠도 잘 오지 않는다. 몸은 천근만근이지만 잠자기가 쉽지 않다. 몸을 뒤척이다 겨우 잠이 들곤 한다. 경기 다음 날 쉬는 경우도 있다. 그렇더라도 오후 출근이다. 피로가 채 풀리지도 않은 몸을 이끌고 훈련장으로 간다. 이 생활을 반복한다. 그것도 9개월 내내.

대표팀에 갈 때도 크게 다르지 않다. 경기가 끝난다. 그날 비행기가 있으면 바로 공항으로 가서 비행기를 탄다. 그렇지 않으면 다음 날 공항에서 비행기를 탄다. 런던에서 한국까지 14시간 비행을 한다. 비즈니스 클래스를 타도 장시간 비행은 쉽지 않다. 그나마 손흥민은 나은 편이다. 런던에서 서울까지 직항이 있기 때문이다. 과거 기성용과 박지성은 런던까지 이동한 후 서울행 비행기를 타야 했다. 아니면 암스테르담이나 프랑크푸르트 등지에서 환승을 해야 했다. 시차 적응 기간을 갖는 것은 사치다.

한국에 오자마자 바로 파주 국가대표 트레이닝 센터(NFC)로 향한다. 하루나 이틀 훈련한다. 그리고 첫 번째 경기를 치른다. 다시 이틀이나 사흘 정도 회복 훈련을 한다. 그리고 또 경기를 치른다. 만약에 두 번째 경기가 원정이면 다시 이동을 해야 한다. 첫 경기가 원정이고 두 번째 경기가 한국 홈일 때는 더 빡세다. 런던에서 원정지로 바로 가서 경기하고 한국으로 와서 경기한 뒤 다시 런던으로 돌아가야 한다.

이렇게 한 시즌을 보내면 진이 빠질 수밖에 없다. 체력을 쌓아올려도 결국 막판에는 다 소진하게 되어 있다. 체력이 있어야 시즌도 제대로 보낼 수 있다. 그래서 여름은 선수들에게 충전과 휴식의 시간이다. 해외 선수들은 그리스나 스페인, 이탈리아 휴양지에서 수영도 하고 맛있는 음식도 먹는다. 손흥민도 마찬가지다. 한국에 와서 먹고 싶었던 음식들도 먹고 가족, 친지, 지인들도 만난다. 잘 먹고 잘 쉬면서 스트레스도 푼다. 잘 비워내야 다시 잘 채울 수 있다.

달리기를 멈추지 않는 이유

다만 손흥민도 나이가 들어가면서 휴식의 방법이 조금씩 바뀌었다. 어렸을 때는 팡팡 노는 시간이 많았다. 하지만 나이가 들어가면서 휴식 기간 체력 훈련의 필요성을 절감했다. 여기에는 손흥민 개인이 체득한 노하우도 숨어 있다.

잉글랜드로 넘어왔을 때 손흥민은 호리호리한 체형이었다. 상체 운동보다는 하체 운동에 집중했다. 폭발적인 스피드가 더욱 중요했기 때문이다. 그러다 보니 몸싸움에 취약했다. 프리미어리그 수비수들은 영리했다. 손흥민과 스피드로 맞대응했다가는 승산이 없다는 것을 잘 알고 있었다. 손흥민의 상체가 부실한 것을 간파하고 몸싸움을 먼저 걸었다. 몸싸움으로 손흥민이 뛰지 못하게 했다. 손흥민이 잉글랜드에서 고전한 이유였다.

손흥민은 휴식 기간 동안 근력 증강을 통해 상체를 키웠다. 더 이상 몸싸움에서 밀리지 않았다. 그러다 보니 스피드는 더욱 빛났다. 2018년 11월 24일 영국 런던 웸블리. 첼시와의 경기 중 손흥민은 하프라인 인근에서 볼을 잡은 뒤 치고 나갔다. 조르지뉴가 손흥민을 잡았지만 소용없었다. 파워로 떨쳐냈다. 손흥민은 다비드 루이스까지 제쳤다. 그리고 슈팅. 골망을 흔들었다.

단순히 몸싸움에 유리해지기 위해 체력을 단련한 것이 아니다. 축구 선수는 파워와 스피드를 유지하면서 오래 뛸 수 있어야 한다. 경기 중 손흥민은 60~70분 사이 숨을 고르는 경향이 있다. 선발 출전하면 경기 시작부터 계속 뛰어와서 체력이 다소 떨어지는 시점이다. 잠깐 호흡을 조절하면서 경기 후반부를 준비한다. 이때 숨 고르는 시간을 줄이기 위해서는 지구력이 필수다. 이런 지구력 역시 여름 휴식 기간에 틈틈이 쌓아올린 체력 훈련이 바탕이 됐다.

2018년 6월 27일 러시아 카잔 아레나, 한국과 독일의 월드컵 G조 조별 리그 3차전. 1-0으로 한국이 앞서던 후반 추가시간 손흥민은 심장이 터지도록 달려 나갔다. 독일 골키퍼 마누엘 노이어가 공격에 가담했다. 지고 있던 독일로서는 동점을 만들어야 했다. 딱 한 골이 필요했다. 독일의 코너킥 찬스에 노이어가 가담했다. 볼이 뒤로 흘렀다. 이를 노이어가 한국 진영 중원에서 볼을 잡았다. 주세종이 노이어의 볼을 탈취했다. 그리고 달려 나가던 손흥민에게 길게 패스했다. 볼이 다소 길었다. 그래도 손흥민은 포기하지 않았다. 초인적인 힘을 발휘했다. 상대 골에어리어 앞에서 볼을 따라잡았다. 텅 빈 골문. 손흥민은 가볍게 왼발로 밀어넣었다. 1년 전 여름이 떠올랐다. 손흥민은 휴식 기간 중 입에 단내가 나도록 체력 훈련을 했다. 결국 그 시즌 마지막 경기, 마지막 1분에 역사적인 골로 보답받았다. 여름 체력 훈련의 중요성을 다시 한번 절감한 순간이었다.

휴식기 체력 훈련의 중요성은 또 다른 부분에서도 알 수 있다. 바로 부상 방지 효과다. 손흥민은 이때까지 장기 부상이 거의 없었다. 2022년 7월 한 축구 관계자와 서울 광화문 앞 카페에서 만났다. 이런저런 이야기를 나누다가 손흥민의 미래에 대한 이야기를 했다. 당시 손흥민은 만으로 30세, 한국 나이로 31세였다. 얼마나 더 뛸 수 있을까. 나는 앞으로 4~5년 정도로 예상했다. 선수들이 대개 그 정도 나이대에서 은퇴하기 때문이다. 관계자는 조심스럽게 말했다.

"저는 손흥민 선수가 4~5년보다는 오래 뛸 것 같아요. 일단 회복 능력이 너무 좋고, 근육 나이도 실제 나이보다 훨씬 젊다고 하더라고요."

대화를 마치고 다른 곳으로 이동해 노트북을 켰다. 세계 선수 기록을 관리하는 사이트에 접속했다. 손흥민을 검색했다. 부상 이력을 체크했다(2022년 10월 기준). 관계자의 말에 일리가 있었다. 프로에 올라와서 첫 시즌 발 골절상이 가장 큰 부상이었다. 2010~2011 프리 시즌 첼시와의 경기에서 발을 다쳤다. 75일간 골절로 고생했고 9경기 결장했다. 이후 손흥민은 12번 부상했다. 이 가운데 가장 긴 경기 결장은 2015년 9월부터 11월까지 족저근막염으로 인한 7경기 결장이다. 그만큼 손흥민은 부상이 잦지도 않고 회복 능력도 좋다. 2020~2021시즌 이후 햄스트링 부상이 잦기는 했다. 총 네 번 다쳤다. 보통 햄스트링 부상이면 4주는 쉬어야 한다. 그러나 손흥민은 괴물 같은 회복 능력을 보여주곤 했다. 햄스트링 부상으로 쉬었던 기간은 각각 6일, 19일, 3일, 11일, 27일에 불과했다. 결장한 경기도 많아봐야 4경기가 최대치였다.

체력 관리를 위한 손흥민의 루틴이 하나 더 있다. 꾸준한 마사지로 뭉쳐 있는 근육을 풀어주는 일이다. 이는 휴식기뿐만 아니라 시즌 중에도 거의 매일 하는 작업이다. 개인 피지컬 트레이너와 손흥민 크루들이 이를 담당한다. 뭉친 근육을 풀어주는 마사지는 한 번 하면 2~3시간 걸린다. 손흥민은 이런 과정을 통해 근육을 단련시키며 롱런의 초석을 다지고 있다.

공든 탑이 무너지는 건 한순간

사실 우리는 프로 운동선수들에게 너무 가혹한 잣대를 들이대는 경향이 있다. 운동선수는 24시간 내내 운동만 해야 한다는 선입견도 있다. 효율성은 전혀 고려하지 않고, 오직 쏟아붓는 시간에 따라 성공 여부가 좌우된다는 옛날 마인드를 운동선수들에게 적용한다. 어린 시절 소위 '4당 5락(4시간 자고 공부하면 대학에 붙고, 5시간 자고 공부하면 대학에 떨어진다)'이라는 '꼰대' 마인드를 선수들에게도 적용하고 있다.

물론 운동선수가 몸 관리를 해야 하는 것은 맞다. 그러나 그들도 우리와 같은 사람이다. 스트레스 받을 땐 이를 해소할 배출구가 필요하다. 하루 24시간 내내 운동만 하면 경기에 나서기도 전에 체력이 방전된다. 일반인들도 마찬가지이지 않나. 일할 때는 일하고 쉴 때는 쉬어야 한다. 그 조절은 자신이 알아서 해야 한다.

　손흥민의 프로 선수 생활 초창기 시절 그에 대한 여러 가지 소문이 돌았다. '손흥민이 대학 축제에 갔다더라', '식당에서 술에 취해 있는 손흥민을 봤다더라' 등등. 모두 진위 여부가 확인되지 않은 '카더라(근거가 부족한 소문이나 추측)'였다. 하지만 이런 풍문도 한때였다. 토트넘에서의 첫 시즌, 2015~2016시즌이 지나자 손흥민을 둘러싼 소문들은 자취를 감췄다. 대신 '손흥민이 어디에서 운동하고 있다'는 이야기만 들렸다. 손흥민은 2016~2017시즌부터 본궤도에 올랐다. 프리미어리그 정상급 공격수로 자리매김했다. 이는 기분 좋은 일이다. 하지만 동시에 불안한 일이다. 잠깐이라도 방심했다가는 정상의 자리에서 굴러 떨어질 수 있다. 그러지 않으려면 성실하게 자신의 일을 해야만 한다.

　2015~2016시즌 손흥민은 힘든 시간을 보냈다. 시즌 중반부터 주전 자리에서 밀렸고 이적 직전까지 갔다. 하지만 손흥민은 묵묵하게 훈련했다. 내공이 쌓이고 쌓였다. 2016년 9월 스토크시티전과 미들즈브러전에서 골 폭풍을 몰아쳤다. 여름 휴식기 체력 훈련의 결과였다.

체력 단련의 효과를 몸소 체득한 손흥민은 휴식기에 본인의 미래를 준비하기 시작했다. 단순히 '월클' 타이틀을 위해서가 아니다. 자신이 좋아하는 축구, 특히 프리미어리그와 챔피언스리그라는 최고의 무대에서 펼쳐지는 축구를 조금이라도 더 하고 싶을 뿐이다. 축구의 희열을 조금이라도 더 오래 느끼기 위해서라도 폭염 속 달리기를 멈출 수 없다. 여름은 투자의 시절이다.

절대 배신하지
않는 기본기

강원도 춘천 공지천. 북한강 지류에서 삐져나온 공지천은 춘천 시내를 흘러 들어간다. 공지천이 북한강과 만나는 지점에 공지천교가 있고, 바로 옆에 에티오피아 한국전쟁 참전 기념관이 우뚝 서 있다. 근처 둔치에는 축구장이 조성되어 있다. 공지천 체육공원 축구장이다. 이곳에서 어린 손흥민이 아버지가 지켜보는 가운데 땀을 흘리고 또 흘렸다.

2011년 6월 춘천을 자주 들락날락했다. 공지천에 있는 손흥민을 취재하기 위해서였다. 약속 없이 그냥 갈 때도 있었다. 춘천 나들이 겸 차를 몰고 나갔다. 경춘고속도로가 뚫린지 얼마 안 된 시점이었다. 강변북로를 타고가다 올림픽대로로 향했다. 그러고는 경춘고속도로로 올랐다. 중간에 양평 휴게소에 들러 맥반석 오징어와 식혜 캔을 샀다. 오징어를 뜯으며 춘천으로 향했다. 공지천 주차장에 차를 대고 스탠드에서 그라운드를 쳐다봤다.

해가 뉘엿뉘엿 질 때까지도 손흥민과 춘천 유소년 FC 선수들은 훈련을 하고 있었다. 훈련 끄트머리에는 늘 리프팅을 했다. 콘을 일렬로 세워놓은 뒤 리프팅으로 왔다 갔다 했다. 독일 분데스리가에서 뛰고 있는 함부르크 40번 손흥민도 열외는 없었다. 그 장면을 보고 다시 서울로 돌아오곤 했다.

결국 축구는 공을 가지고 한다. 팀당 11명, 총 22명이 공 하나를 차지하기 위해 싸운다. 22명 모두 각자의 공을 가지고 있으면 평화롭겠지만 그럴 수 없다. 공 하나에 기뻐하고 성내고 슬퍼 울고 환하게 웃는다. 공을 상대에게 내주지 않고 오래 가지고 있으면 이길 확률이 높아진다. 이는 2010년대 스페인 국가대표팀 '퍼제션 축구(볼 점유율을 극단적으로 높이는 축구 전략)'의 최대 목표기도 했다.

공을 상대에게 내주지 않으려면 어떻게 해야 할까. 공을 몸에 붙이면 되지 않을까. 그렇다고 본드로 붙일 수는 없다.

공을 자기 몸의 일부인 양 다뤄야 한다. 개인기 훈련의 기본 방향이다. 그렇다고 공을 가지고 가만히 있을 수도 없다. 공을 상대팀 골문 안에 넣어야 한다. 자기 발로 공을 가지고 가든 동료에게 공을 넘겨주든 어쨌든 공을 가지고 앞으로 나아가야 한다. 내 발과 공의 간격이 중요하다. 간격이 좁으면 앞으로 나가는 속도가 줄어든다. 간격이 넓으면 상대 선수가 볼을 낚아챈다. 그래서 간격을 일정한 수준으로 유지해야 한다. 리프팅 훈련이 중요한 이유다.

경기 중 선수의 컨디션을 가늠할 수 있는 기준이 바로 공과 선수의 간격이다. 선수가 공을 받았을 때 몸과 공의 간격이 넓지 않아야 한다. 공을 잡고 그다음 동작을 하기에 가장 적당한 간격을 유지해야 한다. 자신에게 날아오는 공을 컨트롤하는 일, 바로 트래핑이다. 트래핑이 길면 그만큼 집중력이나 체력이 떨어져 있다는 신호라고 볼 수 있다. 이런 트래핑 능력을 키우는 훈련 역시 리프팅이다. 끊임없이 발로 공을 위로 차올려 자신이 바라는 높이에 맞춘다. 이를 통해 공 차는 감각을 극대화한다. 동시에 발과 공이 서로 맞을 때의 감각을 조율한다. 공을 차올리기 편하려면 정확한 터치가 필요하다. 리프팅을 할 때마다 퍼스트 터치, 즉 트래핑 훈련을 할 수 있다.

춘천 공지천, 2만 번의 리프팅

손흥민의 리프팅 훈련 일화는 유명하다. 손흥민이 초등학교 때 친형인 손흥윤(현 SON축구아카데미 코치)과 게임기 하나를 두고 티격태격했다. 손웅정 감독은 그게 싫었나 보다. 게임기를 압수했다. 그리고 리프팅을 시켰다. 1인당 2만 2,000개씩. 무려 4시간이 걸렸다. 이런 훈련이 쌓이자 손흥민은 공과 한 몸이 되어갔다. 이는 지금의 손흥민을 있게 한 기본 바탕이 됐다.

혹시나 하는 마음에 하나 밝힐 것이 있다. 축구 선수를 취재하다 보면 유소년 선수 이야기를 들을 때가 많다. 자연스럽게 '사커 대디(축구선수 아들을 적극 뒷바라지하는 아버지)'들의 이야기도 듣게 된다. 사커 대디 중 손흥민 아버지가 손흥민에게 리프팅 2만 번을 시켰다는 말에 큰 자극을 받으신 분들이 있다. 본인도 똑같이 하겠다며 자식에게 이 같은 리프팅을 주문한단다.

물론 훈련은 언제나 충분히 해야 한다. 하지만 리프팅의 목적은 간과한 채 오직 리프팅 개수에만 집착하는 훈련은 아이에게 축구가 아니라 서커스를 시키는 것에 불과하다. 경기 중 리프팅을 몇백 개, 몇천 개 할 일은 없다. 리프팅의 목적은 경기 중 공을 받은 뒤 이어지는 자신의 플레이를 더욱 빠르고 정확하게 전개하기 위함이다.

공과 가까워지는 것은 프로에서 살아남을 수 있는 유용한 무기 중 하나다. 다음 동작을 좀 더 빠르게, 좀 더 정확하게 이끌어내기에 유리하다. 다양한 레퍼토리를 펼칠 수 있다.

2022년 10월 8일 영국 브라이턴 아멕스 커뮤니티 스타디움, 브라이턴과 토트넘의 2022~2023시즌 프리미어리그 10라운드 경기. 0-0으로 맞선 전반 22분이었다. 손흥민이 올린 코너킥이 수비수에 맞고 뒤로 흘렀다. 피에르 에밀 호이비에르가 볼을 잡았다. 손흥민은 오른쪽 측면 공간에 있었다. 호이비에르가 손흥민에게 볼을 띄워서 전달했다. 손흥민은 이 볼을 가슴으로 잡았다. 오른발로 툭 하고 띄웠다. 손흥민을 막으러 달려오던 수비수를 제쳐냈다. 그리고 왼발로 바로 크로스했다. 해리 케인이 이 볼을 머리로 돌려놓았다. 헤더골(머리를 사용해 넣은 골)이었다. 확실한 트래핑과 정확하고 간결했던 리프팅 동작으로 수비수의 방해 없이 완벽한 어시스트를 할 수 있었다.

2011년 8월 27일 함부르크 임테흐 아레나, 쾰른과의 분데스리가 홈경기. 손흥민은 2선에서의 스루패스(상대편 선수 사이로 공을 차서 보내는 패스)에 맞춰 질풍같이 달려들었다. 페널티 지역 안에서 볼을 잡았다. 오른발로 방향을 전환하는 리프팅을 했다. 달려오던 수비수는 급격한 방향 전환을 예상하지 못했다. 제 스피드를 이기지 못하고 넘어졌다. 프리 상태가 된 손흥민은 그대로 왼발 슈팅, 골망을 갈랐다. 손흥민의 리프팅 하나가 골을 만들어냈다.

마크 저커버그도 평소에는 직원들과 함께 컴퓨터 앞에서 코딩을 만든다고 한다. 손흥민도 똑같다. 훈련 시작 전, 훈련이 끝난 뒤 리프팅을 한다. 수천, 수만 번 해온 리프팅이지만 한 번도 빼먹지 않는다. 잠깐 하더라도 리프팅을 통해 자신의 감각을 재단한다. 기본기가 모든 것의 시작이기 때문이다.

배우려는 자가
좋은 스승을 만난다

✳

손흥민과 인터뷰를 하면 꼭 빠지지 않는 단어가 있다.

'배움, 공부, 학습, 교훈'.

손흥민은 배움에 항상 열려 있다. 모든 것이 공부라고 생각한다. 어떤 환경에 있든 주변 사람들을 보면서 자신이 부족한 부분을 인지하고 채워 나가려고 노력한다.

배움에는 여러 가지가 있다. 첫 번째는 자기 스스로 깨우치고 익히는 것이다. 고대 그리스의 아르키메데스가 욕조에 몸을 담갔다. 물이 넘치는 것을 봤다. 부력의 존재를 확인했다. 욕조에서 뛰쳐나가며 "유레카"를 외쳤다. 스스로 깨우치는 배움은 몸소 체득하기 때문에 학습 효과가 좋다는 장점이 있다. 하지만 깨우치는 데 오랜 시간이 걸린다는 단점도 있다.

두 번째는 남에게 배우는 경우다. 스승이나 선배, 멘토 등의 지식과 노하우를 배워서 자신의 것으로 만든다. 좋은 스승, 선배, 멘토가 있으면 모르는 부분을 빠르게 습득할 수 있다.

내 이야기를 잠깐 해보자. 고등학교 시절 강압적인 분위기 속에서 공부를 했다. 내가 99학번이니 당시 학교 분위기는 짐작할 수 있을 것이다. 대학교에 진학하고 난생처음으로 완전한 자유가 주어졌다. 수업에 들어가지 않아도 꾸중하는 사람도, 체벌하는 사람도 없었다. 밤새 놀다가 친구 집에서 자는 일이 반복됐다. 금요일 저녁 홍대 앞 친구 집은 그야말로 아지트였다. 금요일부터 일요일 아침까지 신나게 놀았다. 갑자기 누리게 된 자유에 완전히 매몰됐던 것이다. 결과는 당연히 좋지 않았다. 내 대학 1학년 학점이 아마 '선동열 방어율' 정도였을 것이다(한국 야구의 위대한 투수였던 선동열은 해

태 타이거즈 시절 146승 40패 132세이브, 평균 방어율 1.20을 기록했다).

　내게 대학 생활을 알려주는 이는 아무도 없었다. 당시 처음 개설된 자유전공학부로 입학했기 때문에 학과 선배가 전혀 없었다. 학사 생활을 지도해주는 이도 많지 않았다. 수업에 세 번 지각하면 결석 한 번으로 처리된다는 사실도 1학기 말에나 알았다. 만약 학교생활에 대해 알려주는 선배나 스승이 있었으면 어땠을까. 학점이 선동열 방어율 수준은 아니었을 것 같다. 그랬다면 내 미래는 달라졌으려나.

　스승, 선생님, 선배, 멘토의 역할은 중요하다. 아무것도 모르는 시절에 기준으로 삼을 푯대가 되기 때문이다. 자유라는 폭풍에 휩쓸려 이리저리 떠도는 돛단배에게 길을 밝혀 주는 등대가 되기도 한다. 비록 그들의 실체가 자신이 생각했던 것과 다르다 하더라도, 칠흑 같은 어둠을 헤치고 앞으로 나아가게 만드는 한 줄기 빛이 된다. 큰 실수를 방지해줄 수 있는 안전판 역할도 한다.

위대한 제자가 만든 위대한 스승

손흥민의 경력을 되돌아보면 좋은 스승이 항상 곁에 있어왔다. 아버지부터 시작해서 가족, 지도자, 선배, 친구들까지 많은 스승들이 있었고 손흥민은 그들에게 배워왔다. 그들과의 삶 자체가 항상 공부였던 것이다. 배움의 자세도 좋았다. 축구에 관한 한 모든 것을 배우고자 했다. 어떤 편견이나 선입견도 갖지 않았다. 모두가 자신의 스승이자 멘토라고 생각했다.

손웅정 SON축구아카데미 총감독. 손흥민 인생의 시작점이다. 손흥민의 아버지이자 지도자이자 멘토다. 워낙 유명하신 분이기에 손 감독에 대한 팩트들은 굳이 나열하지 않아도 될 거 같다.

손흥민의 시작점인 손 감독은 자신의 마스터 플랜에 따라 손흥민을 키웠다. 손흥민에게 축구의 'ㅊ'부터 가르쳤다. 리프팅부터 하게 했다. 단순히 기술 지도만 한 것이 아니었다. 가르침의 핵심은 축구를 대하는 태도, 즉 축구를 사랑하는 마음이었다. 손 감독은 아들이자 제자인 손흥민의 성장과 발전을 사력을 다해 도왔다. 뒷짐 지고 바라보지 않고 솔선수범했다. 손흥민의 어린 시절에는 함께 몸을 만들었다. 아들보다 먼저 나와 운동장을 정리하고 도구들을 준비했다. 아들이 훈련에만 집중할 수 있도록 했다.

훈련은 매서웠다. 손흥민이 대중의 큰 관심을 받고 구름 위로 붕 뜨는 것을 방지한 것도 손 감독이었다. 손흥민이 쾰른전에서 첫 골을 넣자 아들이 자만에 빠질까 봐 그의 노트북을 압수했던 일화는 유명하다. 손흥민이 흔들릴 때는 격려와 훈계로 아들의 마음을 다잡았다.

겸손도 가르쳤다. 손 감독이 가르치는 겸손은 단순히 자신을 낮추는 자세가 아니다. 자신의 부족함을 확실히 알고 그것을 수용하는 것이다. 낮은 곳으로 임해야 더 많은 것을 보고 더 많은 것을 배울 수 있다. 배우기 위한 겸손이다. 이런 가르침으로 손흥민은 주변 이들의 단점보다 장점을 빨리 캐치한다. 주변에서 배울 점을 찾고, 따라 하고, 이를 자신에 맞게 변환해보며 자신의 것으로 만든다.

16명의 지도자, 16개의 가르침

손흥민은 클럽에서 많은 지도자들을 만났다.

함부르크 SV

- 아르민 페(2010년 5월~2011년 3월)

- 미하엘 외닝(2011년 3월~2011년 9월 *함부르크 유소년 시
  절 스승)

- 토르스텐 핑크(2011년 10월~2013년 5월)

바이어 04 레버쿠젠

- 사미 휘피에(2013년 7월~2014년 4월)

- 로저 슈미트(2014년 4월~2015년 7월)

토트넘 홋스퍼

- 마우리시오 포체티노(2015년 8월~2019년 11월)

- 조제 모리뉴(2019년 11월~2021년 4월)

- 라이언 메이슨(2021년 4 ~2021년 5월 *감독대행)

- 누누 산투(2021년 6월~2021년 11월)

- 안토니오 콘테(2021년 11월~   )

대표팀에서도 많은 지도자들을 만났다.

- 조광래(2011년)

- 최강희(2011~2013년)
- 홍명보(2013~2014년)
- 울리히 슈틸리케(2014~2017년)
- 신태용(2017~2018년)
- 파울루 벤투(2018년~)

이 가운데 손흥민에게 큰 영향을 끼친 지도자 세 명을 꼽아본다. 포체티노, 모리뉴 그리고 콘테 감독이다.

마우리시오 포체티노. 월드클래스 손흥민의 기반을 닦은 감독이다. 포체티노 감독은 사우스햄턴을 이끌던 시절부터 손흥민을 주목했다. 계속 손흥민과 레버쿠젠에 영입 오퍼를 넣기도 했다. 손흥민의 장점이 자신이 구상하고 있던 전술에 적합했다. 손흥민이 첫 시즌 경기 출전에 어려움을 겪었을 때도 다방면에서 도움을 주었다. 첫 시즌 후 손흥민의 잔류가 결정되자 너무나 기뻐했다.

손흥민은 포체티노 감독을 통해 축구의 다양한 면을 알게 됐다. 포체티노 체제 아래에서 가장 크게 발전한 것은 '압박 구사 능력'이었다. 현대 축구에서 압박은 중요하다. 압박을 통해 상대가 가진 볼을 빼앗고 자신들의 공격 작업을 수행한다. 축구는 압박으로 시작해 압박으로 끝난다. 포체티노 감독은 다양한 상황에서 서로 다른 스타일의 압박을 구사했다. 손흥민이 토트넘에서 첫 시즌 고전했던 이유 중 하나다. 손흥민은 두 번째 시즌부터 포체티노식 다양한 압박 구사에 적응했고, 숙지한 압박 기술을 피치 위에서 선보였다. 전술 이해 능력 또한 크게 키웠다.

영국에서는 '지도한다(teach)'라는 표현을 잘 쓰지 않는다. 감독이나 선수 모두 자신의 역할에서 함께 '일한다(work)'고 표현한다. 감독과 선수는 팀 내 역할이 다를 뿐 엄격한 상하 관계가 아니라는 뜻이다. 포체티노 감독과 손흥민은 서로 함께 일하며 성장해 나갔다. 손흥민은 포체티노 감독에게 가르침을 얻었고, 포체티노 감독은 손흥민을 적극 활용해 성적을 냈다. 포체티노 감독이 토트넘에서 경질됐을 때, 손흥민은 자신의 SNS를 통해 이런 말을 남겼다.

"포체티노 감독에게 말로 표현할 수 없을 정도로 감사합니다. 나는 그에게 축구뿐만 아니라 인생에 대해서도 많이 배웠습니다."

조제 모리뉴 감독과 손흥민. 지금 봐도 거짓말 같은 감독과 선수 조합이다. 알렉스 퍼거슨 감독과 박지성이 함께했던 것처럼 모리뉴 감독과 손흥민이 함께한 사진과 영상들을 보고 있으면 여전히 신기하다. 모리뉴 감독은 승부사이자 스타다. 자신의 가치를 높일 줄 아는 사람이다. 그것도 성적을 통해서 말이다. 손흥민은 모리뉴 감독을 통해 자신의 가치를 극대화하는 방법을 배웠다. 세계적인 매니지먼트사를 고용한 것도 모리뉴 감독의 영향이 크다.

모리뉴 감독은 손흥민을 여러 측면에서 적극 활용했다. 그에게 손흥민은 활용 가치가 큰 공격수였다. 손흥민을 중용하면서 자신의 축구를 실현해 나갔다. 특히 경기 외적인 부분에서 손흥민을 크게 키웠다. 그때만 해도 손흥민은 저평가되어 있었다. 잘하는 선수이기는 했지만 영국 및 유럽 미디어가 주목하는 선수는 아니었다. 모리뉴 감독은 미디어와 만나는 자리에서 항상 손흥민을 언급했다. 그리고 감독 차원에서 손흥민을 월드클래스로 인증했다. 2020년 10월 22일 토트넘 홋스퍼 스타디움에서였다.

"손흥민은 자신이 할 수 있는 것을 다 했다. 손흥민이 다음 레벨, 월드클래스로 가기 위해 더 필요한 것은 없다."

모리뉴 감독의 이 한마디는 무게감이 달랐다. 일반적인 감독이 이야기했다면 그저 '칭찬' 정도로 치부됐을 것이다. 하지만 화자가 모리뉴였다. 실력은 물론이고 스타성도 세계 최고인 감독. 그의 이 말 한마디로 손흥민의 자신감은 한 층 더 성장했다.

안토니오 콘테 감독. 열정 그 자체다. 축구에 대해서는 타협이 없다. 축구에 100퍼센트 진심이다. 전술가이기도 하다. 손흥민은 2021년 만 29세가 되는 시점에 콘테 감독을 만났다. 그리고 2022년 콘테 감독과 온전히 한 시즌을 보내고 있다.

콘테 감독의 손흥민 활용에 대해 현재 여러 가지 논란이 있기는 하다. 콘테 감독이 추구하는 전술은 손흥민의 장점을 죽이는 면이 있다. 스프린트와 슈팅이 가장 큰 강점인 손흥민을 상대 미드필더와 수비수가 즐비한 좁은 공간 안으로 밀어넣었다. 2022시즌 초반에 골이 없는 상황이 계속되자 비판을 받기도 했다. 나 역시 이런 비판에 동의한다. 변화의 조짐은 있다. 3-4-3 전형에서 3-5-2로 바꾸면서 손흥민을 위로 올릴 것으로 보인다.

하지만 3-4-3 전형에서 손흥민을 10번 자리에 배치하는 것은 향후 손흥민의 커리어에 큰 시사점을 던져줄 수 있다.

손흥민도 나이를 먹는다. 시간이 지날수록 스프린트 속도는 떨어질 것이다. 그때도 최고 수준의 축구를 하기 위해서는 변화해야 한다. 어찌 보면 콘테 감독의 지금과 같은 전술 운용은 향후 손흥민의 발전에 도움을 줄 수도 있지 않을까.

롤모델의 땀까지 흡수하라

감독들만이 아니다. 손흥민은 선수 생활을 하면서 좋은 멘토도 많이 만났다. 그중 맨유 라인인 뤼트 판 니스텔로이와 박지성을 들 수 있다.

함부르크에서는 판 니스텔로이와 함께했다. 판 니스텔로이는 세계적인 공격수였다. 맨유, 레알 마드리드에서 뛰면서 세계 최고의 공격수로 활약했다. 손흥민이 어린 시절부터 봐오고 동경해온 우상이었다. 그런 그가 2010년 겨울 함부르크로 왔다. 그리고 18세의 손흥민을 만났다. 손흥민의 가능성을 일찌감치 알아봤다. 큰형, 아니 삼촌처럼 손흥민을 챙겨줬다. 손흥민과 판 니스텔로이의 나이 차이는 열여섯 살이었다. 2010~2011시즌이 시작되기 전 첼시와의 프리 시즌 경기.

손흥민은 후반 교체되어 들어가 멋진 골을 넣었다. 그리고 경기 막판 발 골절상을 당했다. 다음 날 깁스를 한 상태로 클럽하우스에 갔다. 슬픔에 빠져 있던 손흥민을 위로했던 이가 판 니스텔로이였다. 그가 대단한 말을 한 것도 아니다. 그저 꽉 안아주며 "괜찮아, 우리는 널 기다릴 거야"라고 했다.

10대 소년에게 우상의 한마디는 큰 힘이 됐다. 그 무엇보다도 울림이 큰 한마디였다. 손흥민은 힘을 냈다. 부상이 나은 후 판 니스텔로이와 함께 시즌을 보냈다. 딱 한 시즌이었지만 손흥민은 많은 것을 보고 배웠다. 세계적인 선수의 모든 노하우를 체득했다.

박지성도 있다. 2011년 1월 카타르 아시안컵. 손흥민은 대표팀 막내로 카타르에 왔다. 그리고 박지성을 만났다. 방도 함께 썼다. 19세 손흥민은 맨유에서 뛰는 박지성과 한 방을 쓰면서 많은 것을 보고 배웠다. 박지성의 모든 것을 따라 했다고 한다. 그렇게 꿈을 키워 나갔다. 어린 시절엔 이런 작은 경험 하나도 꿈을 키우는 데 좋은 자양분이 될 수 있다. 특히 '잘 쉬는 법'을 배웠다. 지금도 지키고 있는 손흥민의 휴식 루틴은 박지성의 영향이 크다.

"롤 모델인 박지성 형과 뛰면서 젊음을 나눈 건 특별한 경험이었어요. 지성이 형은 운동장 안팎에서 배울 게 많은 좋은 형이자 선수였어요. 특히 잘 쉬고 좋은 컨디션을 유지하는 방법을 많이 배웠습니다."

이 외에도 손흥민이 만난 스승들은 많다. 축구계뿐만이 아니라 다른 분야에서도 많은 이들과 교류하면서 배워 나가고 있다. 이런 배움의 과정에서 가장 중요한 것 중 하나가 손흥민의 자세다. 겸손함을 잃지 않고 축구에 관한 한 무엇이든 배우려는 적극적인 자세가 끊임없이 발전하는 지금의 손흥민을 만들었다.

더 많은 선택지로
무장하라

＊

하프라인 진영에서 고이코 카차르가 볼을 잡았다. 그 순간 30미터 정도 앞 오른쪽 측면에 있던 손흥민이 스프린트를 끊었다. 손흥민을 막던 수비수는 오프사이드 트랩을 쓰려고 멈칫했다. 손흥민을 놓쳤다. 공간으로 패스가 들어갔다. 손흥민이 질주했다. 골키퍼가 달려 나왔다. 손흥민이 한 발 빨랐다. 볼을 머리 위로 툭 쳐올렸다. 볼은 우아한 곡선을 그리며 골키퍼 머리 위로 지나갔다. 단 한 번의 터치로 골키퍼를 제쳐냈다. 손흥민은 내려오는 볼을 오른발로 살짝 터치, 골문 안으로 밀어넣었다. 2010년 10월 30일 독일 쾰른 라인 에네

르기 슈타디온, 전반 23분 25초. 함부르크 유스에서 막 올라온 손흥민의 역사적인 프로 첫 골은 '우아한 곡선'과 함께 세상에 나왔다.

　이 상황, 복기해보자. 2초 전으로 되돌려본다. 2선에서 로빙 패스(공을 띄워서 주는 패스)가 들어왔다. 볼이 한 번 바운드됐다. 골키퍼는 달려 나오고 있다. 이때 스프린트하며 달려드는 공격수가 선택할 수 있는 선택지는 몇 개나 될까. 가장 손쉬운 선택지는 로빙슛, 즉 달려오는 골키퍼 키를 넘기는 슈팅이다. 힘과 방향만 잘 조절하면 골을 넣을 수 있다. 두 번째 선택지는 볼을 옆으로 쳐서 골키퍼를 제치는 것이다. 바운드된 볼을 트래핑한 후 달려오는 골키퍼를 피한다. 그리고 텅 빈 골대를 향해 툭 밀어차넣는 것. 다만 치려는 방향이 중요하다. 당시 상황에서 오른쪽으로 치면 슈팅 각도가 줄어든다. 스피드가 붙은 상황이라 정확한 슈팅이 쉽지 않다. 왼쪽으로 치면 달려오던 수비수에 걸릴 확률이 있었다. 까다로운 상황이다. 세 번째는 왼쪽에서 달려오는 동료에게 공간 패스를 연결해주는 것이다. 비록 수비수가 있기는 했지만 수비수만 넘긴다면 완벽한 어시스트를 해줄 수 있다.

모두의 예상을 뒤엎는 손흥민의 카드

그러나 손흥민은 달랐다. 좀처럼 하기 힘든 카드를 선택했다. 그 상황에서 골키퍼 키를 넘기는 킥은 쉽지 않다. 손흥민은 과감했다. 그리고 그 선택은 프로 데뷔골로 이어졌다. 경기는 졌다. 그래도 의미 있는 골이었다. 이 골이 터지고 며칠 뒤 함부르크는 손흥민에게 정식 프로 계약을 제안했다. 손흥민의 가치를 인정한 것이다. 손흥민은 월급도 못 받던 유스 선수에서 월급을 받고 뛰는 정식 프로 선수가 됐다. 손흥민의 인생을 바꾼 첫 슈팅이자 골이었다.

첫 골의 비결은 무엇일까. 우선 빨랐다. 뭐니 뭐니 해도 축구에서는 빠르면 무조건 한 수 먹고 들어간다. 당시 손흥민을 지도하던 페 감독은 손흥민에게 "수비 뒷공간이 열리면 스피드를 적극 활용해 뛰어들라"고 주문했다.

2019년 12월 7일 영국 런던 토트넘 홋스퍼 스타디움, 번리와의 경기 전반 30분 55초. 손흥민은 토트넘의 페널티 지역 바로 바깥에서 볼을 잡았다. 먼저 로비 브레디와 제임스 타르코프스키를 제쳤다. 치고 나갔다. 드와이트 맥닐도 손흥민을 따라잡지 못했다. 속도를 냈다. 에릭 피에터스를 제쳤다. 매튜 로우턴도 손흥민을 저지하지 못했다. 벤 미를 제친 손흥민은 닉 포프 골키퍼가 나오는 것을 보고 침착하게 슈팅, 골망을 흔들었다. 70미터를 달리며 5명의 수비수와 1명의 골키퍼를 제치고 골을 넣는 데까지 걸린 시간은 12초에 불과했다. 국제축구연맹(FIFA)은 2020년 최고의 골에 주는 상인 푸스카스상의 주인공으로 손흥민을 선정했다. 역시 엄청난 스피드가 압권이었다.

손흥민의 스프린트 속도를 기록한 적도 있다. 2022년 2월 19일 영국 맨체스터 에티하드 스타디움에서 열린 맨시티와 토트넘의 경기. 손흥민은 날카로운 스프린트로 맨시티 배후 공간을 침투했다. 그리고 패스해서 클루세프스키의 골을 도왔다. 축구 통계 분석 기업인 '옵타 데이터'는 손흥민의 최대 스피드를 시속 35.3킬로미터라고 분석했다. 어린이 보호구역 내 차량 제한 속도인 시속 30킬로미터를 넘어선다. 손흥민이 어린이 보호구역에서 전력 질주를 하면 7만 원의 과태료와 15점의 벌점을 받는다. 손흥민은 시속 30킬로미터가 넘는 스프린트를 경기당 4~5회 한다. 1년에 리그 40경기에 나간다고 가정하면 최대 200회의 스프린트다. 7만 원씩 200회면 1,400만 원의 과태료를 내야 한다는 계산이 나온다. 실없는 농담이기는 하지만 그만큼 손흥민은 빠르다.

폭풍 스피드의 원천은 근육이다. 특히 허벅지와 엉덩이 근육에서 내는 힘을 바탕으로 폭발적인 스피드를 낸다. 축구는 단거리와 중거리 달리기를 포괄하는 스포츠다. 순간적인 스피드를 낼 때 허벅지와 엉덩이 근육에서 파워를 분출한다. 햄스트링 부위도 중요하다. 빠른 방향 전환을 위해서는 햄스트링도 탄탄해야 한다.

단순히 강하기만 해서도 안 된다. 부드러움이 함께 해야 한다. 근육이 단단하기만 한 것은 근육이 뭉쳐져 있다는 것이다. 다양한 움직임을 구사할 때 삐걱댈 수밖에 없다. 기계도 윤활유가 있어야 잘 돌아가듯 근육도 부드러움이 필요하다. 그래야 별 무리 없이, 근육 마모 없이 다양한 신체 활동을 적시에 소화할 수 있다. 이를 위해서는 균형이 중요하다. 허벅지 앞쪽과 뒤쪽 균형이 이상적으로 맞춰져 있어야 한다.

손흥민이 강직하면서 부드러운 근육을 가지고 있는 것은 꾸준한 노력 덕분이다. 아버지인 손웅정 감독의 희생도 컸다. 손웅정 감독은 어떤 근육을 어떻게 만들어야 괜찮은지 직접 체득한 후 아들에게 자신을 따라 하도록 했다. 손흥민이 프로가 된 이후에는 아들의 몸 관리에 크게 개입하지 않지만 그래도 여전히 아들을 챙기고 있다.

머릿속이 까만 선수는 누구도 막을 수 없다

퀼른전에서의 프로 데뷔 첫 골과 번리전 '푸스카스상' 골의 두 번째 비결은 빠른 두뇌 회전이다. 축구는 발로 하는 스포츠가 아닌 머리로 하는 스포츠라고 한다. 축구 선수들은 끊임없이 생각을 해야 한다. 우선 위치부터 잡는다. 팀 스포츠이기 때문에 자신이 있어야 하는 위치를 생각하고 움직여야 한다. 손흥민을 포함해 대부분의 프로 선수들이 볼을 받기 전, 혹은 위치를 잡기 전 고개를 '도리도리' 하는 것은 이 때문이다. 이를 통해 주변에 있는 팀 동료들과의 간격을 유지하고 상대 선수들의 위치를 파악한다.

위치를 잡은 후 다양한 선택지를 고려한다. 볼을 잡은 뒤 패스를 할 것인가, 바로 슈팅으로 가져갈 것인가. 흘려주고 빠질 것인가, 아니면 패스를 주고 뛰어들어갈 것인가. 모두가 선택의 문제다. 상대 선수들도 수비를 하고 압박을 하기 때문에 선택지를 고려할 수 있는 시간은 아주 짧다. 퀼른전 골 상황에서 손흥민은 2선에서 날아오는 볼을 보고 스프린트를 했다. 그리고 상대 골키퍼 키를 넘기는 리프팅을 할 때까지 0.3초 정도가 걸렸다. 눈 깜빡할 새에 손흥민은 여러 선택지를 머릿속에 그렸고, 골키퍼 키를 넘기기로 선택했다.

축구 선수들 혹은 지도자 사이에 이런 말이 있다. 머릿속이 까말수록 그 선수는 막기 힘들다. 그만큼 선수의 머릿속에 선택지가 많을수록 하이클래스라는 의미다. 만약 볼을 잡고 할 수 있는 행동이 한두 가지라면 선택이 쉬울 것이다. 선택지가 적은 선수는 상대 팀에서 막기 쉽다. 운동 신경을 바탕으로 빠르기만 한 선수들이 이런 함정에 빠지기 쉽다. '볼 잡으면 무조건 달린다'는 선택지밖에 없는 하얀 머릿속은 순수 그 자체다. 이런 선수들은 상대의 세밀한 분석에 패턴이 까발려지고 막힐 수밖에 없다. 사람이 낼 수 있는 속도는 그만큼 한계가 있기 때문이다.

반면 머릿속이 까맣다는 것은 그만큼 생각이 많다는 의미다. 지소연(현 수원FC위민)이 대표적이다. 잉글랜드 여자축구리그 첼시 위민에서 8시즌을 뛰었다. 여자 무대 역시 잉글랜드는 거칠다. 지소연은 8시즌 동안 첼시는 물론이고 잉글랜드 무대 최고의 선수로 뛰었다. 머릿속이 까맣고 까맸다. 플레이를 하면서 동일한 패턴이 없었다. 작은 패스 하나, 작은 트래핑 하나도 상황에 맞게 변주했다. 수비수들 입장에서는 가장 막기 까다로운 선수였다. 상대 선수 입장에서는 이 선수가 볼을 잡으면 여러 가능성에 대비해야 한다. 집중력이 분산된다. 틈이 생긴다. 공격수는 그 틈을 파고든다. 결국 축구는 머리싸움이다.

번리전 푸스카스상 골 상황을 보자. 손흥민은 처음에 볼을 잡았다. 그리고 치고 나갔다. 12초 동안 수비수 5명과 골키퍼 1명을 제쳤다. 제치는 디테일은 조금씩 달랐다. 경기 후 인터뷰를 나눴다. 그 골의 시작을 들었다.

"사실 볼을 잡고 앞에서 뛰고 있던 델리 알리에게 주려고 했어요. 그런데 수비수가 붙어서 패스 길을 막더라고요. 그래서 달리기로 했어요. 치고 나가다 보니 계속 길이 열렸고 골을 넣을 수 있었습니다."

손흥민은 볼을 잡은 그 짧은 찰나에 여러 선택지를 고려했고 하나를 과감히 선택했다. 그리고 고민 없이 밀어붙였다. 손흥민이 첫 수비수를 제치고 달려 나갈 때 번리 수비수들은 고민에 빠졌다. 달려 나가는 손흥민에게 달려들 것인지, 아니면 다른 쪽에서 같이 쇄도하는 선수들을 견제할 것인지. 여기에서 머뭇거렸고 손흥민은 계속 달려 나가서 그림 같은 골을 만들 수 있었다.

버질 판 다이크는 리버풀을 이끌고 있는 월드클래스 수비수다. 그가 보여준 수비 중에도 머리싸움으로 절대 열세를 극복한 상황이 많다. 2019년 3월 리버풀과 토트넘의 경기. 안필드에서 열린 이 경기에서 축구 지능이 중요함을 보여준 장면이 나온다. 1-1로 팽팽히 맞서고 있던 후반 39분 토트넘이 역습을 펼쳤다. 손흥민은 하프라인에서 스프린트를 시작했다. 왼쪽에는 무사 시소코가 달리고 있었다. 이 둘을 막는 선수는 판 다이크 한 명뿐. 손흥민은 볼을 받자마자 시소코에게 패스하고 달렸다.

판 다이크는 선택을 해야만 했다. 보통이라면 둘 중 한 명에게 올인해야 했다. 판 다이크는 그러지 않았다. 시소코와는 '거리 두기'를 유지하면서 손흥민을 견제했다. 손흥민에게 패스하지 못하게 만든 것이다. 그리고 시소코의 슈팅을 유도했다. 시소코의 슈팅 능력이 떨어진다는 것을 알고 있었다. 손흥민에게 패스할 길이 없어진 시소코는 판 다이크가 파놓은 함정에 빠졌다. 결국 시소코는 슈팅할 수밖에 없었다. 결과는 골문을 넘겨버리는 홈런포. 머리싸움에서 이긴 판 다이크의 승리였다.

머리싸움은 스포츠뿐만이 아니라 모든 분야에 적용된다.

어떤 상황이든 여러 선택지를 고려해야 한다. 여러 상황을 예측하고 각각에 대한 나름의 시나리오를 가져보는 것이 중요하다. 선택지가 많을수록 인생이 다채로워진다. 그리고 마지막으로 하나 더. 선택이 끝나면 고민했던 다른 선택지는 머릿속에서 지워버리자. 자신의 선택을 믿고 끝까지 끌고 나가면 좋은 결과를 가져다줄 것임이 틀림없다. 손흥민이 그랬던 것처럼.

언제나 라스트맨의
마인드로

✳

믹스트존. 한국 취재진들은 이곳에서 손흥민을 기다린다. 그
러다 한 번씩 당황스러운 상황이 나온다.

"나 먼저 퇴근해요. 쏘니는 아직 라커룸에 있어요. 조금
있다가 나올 거예요. 인터뷰 잘하고 다음 경기에 봐요."

토트넘 미디어 담당자가 이 말을 남기고 떠날 때다. 손흥
민은 토트넘에서 가장 늦게 퇴근한다. 미디어 담당자가 떠나
면 믹스트존 관리인과 한국 취재진만 덩그러니 남아 있곤 한

다. 경기 종료 후 1시간을 기다리는 것은 기본이다. 1시간 30분, 2시간 가까이 기다리기도 한다. 그 시간 동안 손흥민은 무엇을 할까. 바로 '쿨다운'이다.

자신만의 쿨다운 루틴을 찾아라

손흥민은 근육형 선수다. 스프린트에 최적화된 근육을 바탕으로 피치 위를 누빈다. 경기 내내 근육을 활용한다. 경기가 끝나면 손흥민의 에너지는 제로에 가까워진다. 쿨다운을 제대로 하지 않으면 피로가 쌓인다. 근육 부상의 원인이 될 수 있다. 체력 회복에 지장이 생길 수도 있다. 그래서 쿨다운이 필요하다.

손흥민은 쿨다운을 절대 거르지 않는다. 경기 후 팀 멤버, 코칭스태프들과 경기에 대해 이야기를 나눈다. 그러고는 자신만의 루틴에 따라 근육의 온도를 떨어뜨린다. 스트레칭을 하면서 놀란 근육을 진정시킨다. 부상 방지를 위해서다. 제대로 풀리지 않을 때는 개인 피지컬 트레이너를 찾는다. 마사지를 통해 다시 한번 근육이 뭉치는 것을 예방한다.

찬물 입수도 빠트리지 않는다. 찬물 입수는 혈액 순환을

촉진해 피로 회복에 도움을 준다. 동시에 근육도 빨리 회복시킨다. 손흥민은 라커룸 한편에 마련된 냉수 입욕장에서 피로를 회복하고 옆에서 쿨다운을 하는 동료들과 우정을 나눈다. 이래저래 자신의 루틴을 따라 쿨다운을 하다 보니 늘 늦게 나올 수밖에 없다. 미디어 담당자들도, 한국 취재진들도 손흥민을 '라스트맨'이라고 지칭하곤 한다.

보기엔 쉬워 보이지만 사실 쉽지 않은 루틴이다. 힘든 경기가 끝나면 빨리 퇴근해 집 소파에 널브러지고 싶을 때도 있을 것이다. 아니면 에너지를 보충하기 위해 쿨다운 대신 식사를 빨리 하고 싶을 때도 있을 것이다. 그러나 손흥민은 늘 변함이 없다. 경기에서 이기든 지든, 골을 넣든 넣지 않든 언제나 루틴을 지키며 오랜 시간 쿨다운을 한다. 다음 경기에서 자신이 원하는 대로 몸을 효율적으로 움직이기 위해 허투루 할 수 없는 중요한 과정이기 때문이다.

물론 선수를 기다리는 취재 기자 입장에서는 짜증나고 지루한 시간이다. 그러나 이미 손흥민의 쿨다운 루틴에 단련이 되어 있다. 내가 빨리 퇴근하고 싶다는 이유로 선수에게 쿨다운을 빨리 해달라고 종용할 수는 없다. 오랜 시간 손흥민을 취재하다 보니 요령도 생겼다. 손흥민을 기다리며 믹스트존 바닥에 앉아 경기를 분석, 현장 박스 기사(경기 현장 에피소드를 주제로 쓴 기사) 등을 처리하곤 한다. 그러다 보면 다른 선수들이 나온다. 누가 나오는지를 체크하며 손흥민의 퇴근 시간을 가늠한다.

토트넘 선수들은 퇴근 시간이 제각각이다. 다만 어느 정도 일관된 순서가 있다. 대개 가장 먼저 퇴근하는 선수는 수비수 에릭 다이어다. 경기가 끝나고 보통 30분 이내에 집으로 향한다. 웨일스 출신 수비수 벤 데이비스 역시 빨리 퇴근하는 선수 중 하나다. 델리 알리의 퇴근 시간도 빠르다. 쿨다운보다는 경기 후 친구들과 클럽에서 노는 일을 선호한다. 소문난 애처가이자 딸 바보인 해리 케인도 늘 빨리 나와 가족과 집으로 향한다. 케인이 나오면 30분 내로 손흥민이 믹스트존에 모습을 드러낸다. 늘 생긋 웃으며 이 말을 한다.

"오늘도 제가 조금 늦었네요. 죄송해요."

그 말 한마디면 기다림의 지겨움도 다 잊혀진다. 취재진 역시 손흥민을 기다리며 쿨다운을 했기 때문이다.

3장

—

위기를 설렘으로
바꾸는 법

걱정하면 지고
설레면 이긴다

'자기 객관화'는
빠를수록 좋다

✳

"전 거품이었어요."

손흥민, 2011년 5월 17일 강원도 춘천 공지천 인터뷰

자기 자신을 객관적인 눈으로 바라보는 것은 어렵다. 사람은 주로 왜곡된 거울 앞에 선다. 자신을 크게 비추는 거울 앞에 서 허세를 부리거나, 반대로 왜소하게 비추는 거울 앞에 서 서 자학한다. 하루아침에 스타가 된 경우 대부분 자신을 실 제보다 크게 비추는 거울 앞에 서게 된다. 키가 크고 날씬해 보인다. 얼굴도 잘생겨 보인다.

인기는 사그라들기 마련이다. 하지만 정작 당사자는 이를 잘 느끼지 못한다. 주변에 여전히 자신을 치켜세워주는 사람들로 가득하기 때문이다. 한번 인기에 취하면 일이 잘 안 풀려도 본인의 실패를 인정하기 어렵다. 시간이 한참 지난 후에야 과거 본인이 누린 인기가 아무것도 아니었다는 것을 알게 된다. 자기 객관화의 시간은 빨리 도래할수록 좋다. 자신을 제대로 바라보게 되고 그에 맞게 행동하고 다음의 행보를 정할 수 있다.

손흥민은 자기 객관화가 빨랐다. 너무 어린 나이, 너무 짧은 시간에 인기를 얻었다. 그리고 1시즌 만에 어려움을 겪었다. 그 시즌이 끝나고 자신을 객관적으로 바라봤다. 스스로를 '거품'이라고 표현했다. 한국 나이로 겨우 스무 살이었던 손흥민의 입에서 직접 나온 이야기였다.

만족의 순간은 실패의 시작

2011년 5월 17일 강원도 춘천 공지천. 함부르크에서 첫 시즌을 마치고 온 손흥민을 만났다. 당시 손흥민은 인터뷰를 극구 사양했다. 그러나 꼭 만나서 그의 진솔한 이야기를 듣고 싶었다. 손웅정 감독에게 부탁을 거듭했다. 손흥민과 춘천 공지천에서 마주할 수 있었다.

인터뷰 형식에 변화를 줬다. 분데스리가에서 뛰고 있지만 스무 살 청년이었다. 일반인으로 치면 대학생 새내기. 단순하게 질문을 하고 답을 하는 것은 재미가 없었다. 사진을 활용하기로 했다. 손흥민의 2010~2011시즌을 대표할 만한 사진을 보여줬다. 그리고 그때의 감정을 지금 시점에서 물어보기로 했다.

'거품'. 손흥민으로부터 이 단어를 끄집어낸 사진은 2010년 8월 5일 독일 함부르크 임테흐 아레나에서 찍혔다. 함부르크의 프리 시즌 마지막 경기였다. 상대는 프리미어리그의 명문 첼시 FC였다. 손흥민은 후반 37분 교체로 들어갔다. 그리고 후반 막판 결승골을 넣었다. 한국은 물론이고 독일도 손흥민을 주목했다.

1년 만의 대반전이었다. 1년 전 손흥민은 무적 신세였다. 2008년 대한축구협회의 유망주 해외 유학 프로그램으로 함부르크에 갔다. 1년을 함부르크에서 보냈다. 기량은 인정받았다. 하지만 프로 계약을 맺을 수 있는 나이가 아니었다. 유소년 계약을 해야 했다. 이를 위해 학생 비자가 필요했다. 잉글랜드 등에서 손흥민에게 관심을 보였지만 손흥민은 독일에서 뛰고 싶어 했다. 1년 동안 독일에 적응했다. 우여곡절 끝에 학생 비자를 받았고 유소년 계약을 체결했다. 2009~2010시즌 손흥민은 19세 이하 팀에서 리저브팀(클럽과 계약되어 있지만 1군 경기에 출전하지 않는 선수들로 구성된 팀)으로 승격했다. 경험을 쌓았다. 시즌이 끝나고 1군의 호출을 받았다. 프리 시즌에 합류하라는 연락이었다.

물론 정식 1군 승격은 아니었다. 유럽의 프리 시즌은 시험 무대다. 기존 1군 선수들은 물론이고 유스팀과 리저브팀에서 유망주들을 모은다. 훈련과 경기를 통해 가능성을 시험한다. 통과하면 1군에 머물 수 있다. 그렇지 않으면 리저브팀이나 유스팀으로 돌아가거나 팀을 떠나야 할 수도 있다.

여기서 손흥민이 사고를 쳤다. 첼시전 골로 1군에서 당당하게 한 자리를 차지한 것이다. 손흥민을 만든 바로 그 첫 골이었다. 이를 기점으로 손흥민은 크게 날아올랐다. 그 경기에서 발을 다치며 재활을 했지만 2개월 뒤 돌아왔다. 10월 30일 쾰른 원정 경기. 손흥민은 선발로 나섰다. 데뷔골을 넣었다. 함부르크는 손흥민에게 프로 계약을 제시했다. 이제 손흥민은 진정한 프로 선수가 됐다. 11월 20일 하노버전에서 2골을 넣었다.

그렇게 첼시전 골을 넣고 딱 9개월이 지났던 시점이었다. 손흥민은 쓸쓸하게 웃으며 말했다.

"운이 좋았을 뿐이에요. 다른 선수들이 잘해주었죠. 지금 와서 보면 거품이었다고 생각해요."

쾰른전 골은 어땠을까. 쇄도 후 상대 골키퍼 키를 넘기는 우아한 곡선의 트래핑을 한 후 리그 데뷔골을 넣었다. 전 유럽이 극찬했다. 그러나 손흥민은 아쉬움이 가득한 한숨만을 쉬었다.

"영원히 남는 데뷔골이기는 해요. 그렇지만 지나간 것이에요. 지금 보면 아무것도 아니에요. 이 골을 빨리 잊고 내일을 준비했어야 해요. 그걸 못했어요."

자기를 오롯이 바라본 후 나온 고백이었다.

2011년 카타르 아시안컵 조별 리그 마지막 경기였던 인도전 사진을 꺼냈다. A매치 데뷔골을 넣었다. 축구 선수에게 A매치 데뷔골은 특별하다. 기억에 오래 남을 수밖에 없다. 만약 나였다면 그 데뷔골만 가지고도 내 SNS에 도배를 했을 것이다. 그리고 늙어 죽을 때까지 "그 골 봤어? 내가 그거 넣었어"라고 자랑을 끝없이 했을 것이다.

하지만 스무 살 손흥민은 그러지 않았다. 역시 기쁨보다는 아쉬움이 앞섰다. 옆에서 아버지 손웅정 감독이 먼저 거들었다.

"그 골은 데뷔골이라고 보기 힘들죠. 상대가 너무 약했어요."

손흥민도 고개를 끄덕였다.

"아버지 말씀이 맞아요. 상대가 약했어요. 일본과의 준결승전에서 데뷔골을 넣었다면 더 좋았을 거예요."

참고로 일본과의 준결승전에서 한국은 승부차기 끝에 패배하며 결승 진출에 실패했다. 한국은 우즈베키스탄과의 3~4위전에서 3-2로 승리했다. 3위로 한국에 돌아왔다. 손흥민도 선수단과 함께 왔다. 인천공항은 환영 인파로 가득했다. 손흥민의 인기는 치솟았다. 어딜 가나 손흥민을 알아봤다. 손홍민은 귀국 다음 날 바로 독일로 돌아갔다. 손웅정 감독의 진단 결과 손흥민은 인기에 취해 '구름 위를 걷고' 있었다.

위기를 기회로 만든 '자기 객관화'

몸은 정직했다. 손흥민은 아시안컵 이후 몸이 무거워졌다. 적정 체중 76킬로그램을 넘어서서 80킬로그램까지 가기도 했다. 경기에 좀처럼 나서지 못했다. 경기장보다는 트위터에서 팬들과 더 많이 만났다. 6경기에 나섰지만 단 하나의 공격 포인트도 기록하지 못했다. 그렇게 조금씩 잊혀져갔다. 손흥민도 스트레스를 받았다. 손흥민은 현실을 빨리 깨달았다.

> "차라리 잘됐어요. 아시안컵 이후에 골이라도 넣었다면 계속 정신 못 차리고 거만해졌을 거예요. 부진 덕택에 정신을 차렸어요."

스무 살의 손흥민은 자기 객관화에 성공했다. 시즌을 마치고 온 여름 그는 특별 훈련을 소화했다. 독일로 돌아가기 전 5주 동안 손흥민은 뛰고 또 뛰었다. 그리고 독일로 돌아가면서 한마디를 남겼다.

"인내는 쓰고 열매는 달다고 하잖아요. 정말 인내가 썼
어요. 앞으로 달콤한 열매를 맛보더라도 안주하지 않을
거예요. 또다시 그 열매를 맛보기 위해 기꺼이 다시 쓰
디쓴 인내의 맛을 볼 거예요."

이때 독일 함부르크에서는 손흥민에 대한 기대를 접고 있
었다고 한다. 이제 갓 스물이 된 선수가 골 조금 넣었다고 자
기 관리에 실패한 모습에 실망했다. 100년이 넘는 함부르크
역사에서 그런 선수들이 한둘이었겠는가. 그러나 손흥민은
자신이 실패했다는 것을 인정했다. 단순히 인정한 것에서 그
치지 않았다. 실패했으니 자신을 바꾸겠다고 다짐했다. 행동
으로 나섰다. 무엇이 잘못됐는지를 파악했다. 체중 조절 실
패였다. 체중을 줄이고 근육량을 늘렸다. 그러다 보니 다시
스피드가 붙었다. 몸도 가벼워졌다. 근본적인 문제를 알고
처방을 내리고 그것을 따랐다. 손흥민은 부활했다.

2011~2012시즌 손흥민은 30경기에 나서 5골을 넣었다.
골은 직전 시즌에 비해 2골만 늘어났다. 그러나 30경기에
출전했다는 사실이 중요하다. 직전 시즌 14경기 출전에 비

해 두 배가 늘었다. 그만큼 팀 내 영향력이 증가했다. 이어 2012~2013시즌 34경기에서 12골을 집어넣었다. 더 이상 '거품' 손흥민이 아니었다. 풀타임 분데스리가 세 번째 시즌 만에 독일 무대가 주목하는 윙어(측면 공격수)로 성장했다.

자기 객관화가 어려울 때는 스스로 질문을 던져보는 것이 좋다. '무엇이 문제인가', '어떤 상황에서 문제가 생겼나', '왜 문제가 발생했나' 등의 질문을 하다 보면 문제의 근본 원인을 찾기 수월해진다. 그래도 모르겠으면 질문을 바꿔보자. 입장을 바꾸면 쉬워진다. 선수라면 감독과 입장을 바꿔 생각할 때 답이 나올 것이다. '내가 감독이라면 내 포지션에 어떤 선수를 쓸까. 빠르고 마무리가 확실한 선수다. 그러면 나를 왜 쓰지 않는가. 느려지고 마무리가 둔탁해졌기 때문이다.' 자기 객관화에 다가가는 방법이다.

자기 객관화를 통해 문제를 정확히 진단했으면 이를 보완하기 위한 방법을 '실천'해야 한다. 손흥민은 자기가 살쪘다는 사실을 알았고 체중 조절에 들어갔다. 또 무뎌진 슈팅을 되살리기 위해 하루 수천 번의 슈팅을 했다. 이 정도로 피나는 노력 없이는 자신의 문제를 해결할 수 없다는 사실을 알고 있었다. 교만하지 않았고 있는 사실 앞에 겸손했다. 스스로 거품이었다고 말한 것도 바로 겸손의 발현이었다. 만약 손흥민이 '나 정도 쯤이면 슈팅 연습은 이 정도면 되지 않아?'라고 오만하게 생각했다면 부진에서 결코 헤어 나오지 못했을 것이다.

'복기-성찰-방향 수정' 3단계 공부법

자기 객관화와 실천. 여기에 손흥민의 팁 한 가지를 덧붙여 보자. 바로 '공부'다. '공부'는 손흥민이 가장 많이 쓰는 단어 중 하나이자 손흥민과의 인터뷰에 항상 들어가는 말이다.

"뭐가 부족했는지 알려면 '공부'해야 해요. 여러 자료도 보도 여러 시도도 해보고요."

"오늘의 패배는 좋은 '공부'가 됐습니다. 이를 바탕으로 더욱 좋은 모습을 보일 수 있을 거예요."

처음에는 손흥민이 자기 암시를 위해 '공부'라는 말을 쓰나 싶었다. 하지만 7년 가까이 손흥민을 지근거리에서 취재하고 그의 발전상을 지켜보면서 그가 말하는 공부가 단순히 말뿐이 아니라는 것을 깨달았다. 손흥민은 정말 공부를 열심히 한다. 경기가 끝나고 집에 오면 그날 경기를 복기한다. 영상을 통해, 글을 통해 다시 새긴다. 그리고 무엇이 잘못됐는지 파악한다.

자기 혼자 하기 어려울 때는 주변의 도움을 받는다. 축구 전문가인 아버지와 팀 내 많은 전문가들 말을 경청한다. 그리고 그들의 조언을 철저하게 따른다. 잉글랜드 무대에 온 손흥민이 초반에 겪었던 가장 큰 문제점은 '오프 더 볼'이었다. 쉽게 말해 볼이 없는 상황에서의 포지셔닝이나 무브먼트가 약했다. 이를 극복하기 위해 손흥민은 영상 자료를 보고 또 봤다. 팀에 필요한 움직임이 무엇인지 파악했다. 시간이 지날수록 손흥민의 '오프 더 볼'은 좋아졌다. 끊임없는 공부의 결과였다.

공부를 어렵게 생각할 필요는 없다. 다시는 같은 문제가 생기지 않도록 1)문제를 복기하고 2)원인이 무엇인지 살펴보고 3)방향을 수정해나가는 것이 공부다. 지금 문제점을 보완했다고 해서 다시 비슷한 문제가 생기지 않는다는 보장은 없다. 사람인 이상 같은 실수를 또 할 수 있다. 하지만 공부를 통해 끊임없이 스스로 성찰하면 발생하는 문제의 폭이나 심각성이 줄어든다. 문제를 조금씩 줄여나가는 것에 방향성을 두고 계속 공부하면 발전을 이어갈 수 있다.

이 과정에서 주변인의 도움이 있으면 더욱 좋다. 거창한 사람이 아니어도 괜찮다. 가깝게는 가족에게 내 문제를 공유하고 조언을 구할 수도 있다. 가끔 자존심이 상하는 순간이 올 수도 있다. 하지만 그 순간만 참아내보라. 그리고 그들이 조언해주는 메시지에 주목해보라. 큰 공부가 될 것이다. '거품'인 나는 사라지고 어제보다 발전한 내가 남을 것이다.

태풍이 불면
풍차를 달아라

✳

네덜란드 속담에 '태풍이 불면 어떤 이는 담을 쌓고 어떤 이는 풍차를 단다'는 말이 있다. 담을 쌓는 사람은 태풍을 위기로 인식한 사람이고, 풍차를 다는 사람은 태풍을 에너지를 얻는 기회로 인식한 사람이다. 손흥민은 선수단 변화라는 위기 상황에서 빠르게 대안을 찾아 오히려 자신의 가치를 높이는 기회로 삼았다. 변화의 바람 앞에 풍차를 달아온 셈이다.

클럽 축구는 매 시즌 변화한다. 시즌 중간에도 시즌이 끝난 뒤에도 선수단을 정리한다. 나가고 들어오는 선수단의 규모에 따라 변화의 폭이 달라진다. 이런 변화 속에서 선수 개인이 할 수 있는 일은 많지 않다. 변화라는 큰 파도에 휩쓸리지 않도록 자신의 닻을 확실히 내릴 뿐이다. 어찌 보면 선수는 다가오는 파도를 넘어 자신의 자리를 지켜야 하는 서퍼와 같은 입장이다. 변화하는 팀 안에서 자신의 가치를 확실히 보여주는 것, 클럽 축구에서 롱런할 수 있는 지름길이다. 손흥민이 겪은 가장 큰 파도는 2019년 여름 시작된 'DESK 라인'의 점진적 해체였다.

영원히 돌아가는 바퀴는 없다

토트넘은 2016~2017시즌 프리미어리그 38경기에서 86골을 넣었다. 리그 최다 득점이었다. 첼시에 이어 리그 준우승을 차지했다. 2017~2018시즌 토트넘 공격진 네 명의 조합은 본 궤도에 올랐다. 포체티노 감독은 4-2-3-1 전형을 토트넘에 정착시켰다. 델리(D)-에릭센(E)-손흥민(S)-케인(K) 네 선수의 이름 앞 글자를 따서 'DESK 라인'으로 불렸다. 델리가 2선에서 받치고 에릭센이 패스를 찔러줬다. 손흥민이 공간을 파고들어 볼을 잡아낸 뒤 크로스, 케인이 마무리 지었다. 완벽한 공격력을 보여줬다. 너무나도 재미있는 공격 축구로 토트넘을 인기 구단으로 올려놓았다. 2018~2019시즌 유럽챔 피언스리그 결승 진출은 DESK 라인의 정점이었다. 그러나 2019~2020시즌 DESK 라인은 흔들렸다. 포체티노 감독이 중도 경질되고 조제 모리뉴 감독이 시즌 중반 부임했다. 그 러면서 DESK 라인에도 변화가 감지됐다.

우선 에릭센이 흔들렸다. 에릭센은 DESK 라인의 두뇌와 창의성을 담당했다. 모리뉴 감독의 전술과 맞지 않았다. 모 리뉴 감독은 수비를 강조했다. 상대의 공격을 틀어막은 후 역습으로 공격한다. 에릭센은 모리뉴 감독의 전술에 맞지 않 는 선수였다. 공격에 비해 수비가 약했다.

물론 다른 선수들이 에릭센의 수비 부담을 덜어줄 수도 있었다. 그러기 위해서는 수비 부담을 떠안은 선수의 기량이 세계적이어야 했다. 토트넘에는 그런 선수가 없었다. 모리뉴 감독은 에릭센에게 수비력을 요구했다. 공격과 패스에 포커 스가 맞춰진 에릭센에게 모리뉴 감독식 전술은 소화하기 버 거웠다.

에릭센의 마음은 서서히 팀을 떠나기 시작했다. 재계약을 차일피일 미뤘다. 토트넘에 더 이상 있고 싶지 않다는 의미 였다. 토트넘은 그래도 에릭센을 잡고자 했다. 연봉 인상 등

각종 당근책을 제시했다. 소용없었다. 2020년 1월, 에릭센과의 계약을 6개월 남짓 앞둔 시점이었다. 겨울 이적 시장에서 에릭센을 팔지 못하면 이적료를 건질 수 없는 상황이었다. 팀과 계약이 끝난 선수는 '자유 계약' 신분이 된다. 구단은 이적료를 한 푼도 받지 못하고 선수를 보내야만 한다. 토트넘은 결단을 내렸다. 에릭센을 팔기로 했다. 인터 밀란이 에릭센을 원했다. 결국 1월 말 토트넘은 에릭센을 팔았다.

에릭센은 토트넘에 불어닥친 변화의 파도를 넘지 못했다. 정확하게 말하면 그 변화의 파도에 자신을 싣고 싶어 하지 않았다. 자신에게 맞는 스타일의 팀으로 가고 싶어 했다. 물론 그 팀이 인터 밀란은 아니었다. 그래도 토트넘보다는 낫다고 생각했다. 에릭센은 인터 밀란 이적 후 그 팀에서 리그 우승을 맛봤다.

델리 알리의 이탈은 조금 다른 케이스다. 델리는 2018~2019시즌부터 기량이 급강하했다. 부상에 계속 발목이 잡혔다. 성실성도 떨어졌다. 축구는 잘 쉬고 잘 먹으며 체력을 채운 뒤 경기에서 모든 에너지를 쏟아내는 행위의 연속이다. 성실해야 살아남는 무대에서 델리는 성실하지 못했다. 그래도 포체티노 감독은 델리를 어떻게든 살려보려고 했다. 하지만 백가지 약도 소용없었다. 포체티노 감독은 델리를 부활시키지 못하고 경질 당했다.

모리뉴 감독이 부진한 델리를 가만히 둘 리 없었다. 조언도 하고 달래기도 했다. 부임 첫 경기였던 웨스트햄 원정을 앞두고 델리의 자존심을 건드렸다. 델리는 그 경기에서 엄청난 활약을 했다. 그러나 그뿐이었다. 이후 경기력은 들쭉날쭉했다. SNS에 동양인을 차별하는 포스트를 올렸다가 발각되어 징계도 받았다.

여기에 부상도 겹쳤다. 2020~2021시즌에는 가레스 베일의 임대까지 확정되면서 델리의 입지는 더욱 좁아졌다. 모리뉴 감독과 불화설까지 생겼다. 각종 이적설이 난무했다. 콘테 감독이 부임했지만 역시 델리를 살리지 못했다. 경기에 뛰는 시간이 줄어들었다. 자신감이 떨어졌다. 악순환이었다. 시간이 지날수록 델리는 전력 외가 됐다. 결국 델리는 2022년 1월 토트넘을 떠나 에버턴으로 이적했다.

새로운 기회를 만든 변화의 바람

화려했던 DESK 라인은 사라졌다. 손흥민과 케인만 남았다.

손흥민과 케인의 마음은 어땠을까. 우선 당혹스러웠을 것이다. 몇 시즌 동안 함께하며 즐겁게 축구를 했던 동료들의 이탈이었다. 그러나 영원한 것은 없고 환경은 바뀌기 마련이었다. 둘은 이를 인정했다. 대안을 빨리 찾아야만 했다. 생존을 위해서라도. 애초에 'DESK 라인'이란 단어는 언론이 만든 것이었다. 남은 선수들은 여기에 매몰되지 않았다. 떠난 동료들의 역할을 대신해줄 선수가 없으면 아예 전술을 바꾸면 됐다.

모리뉴 감독의 지도 아래 손흥민과 케인은 대안을 찾았다. 케인의 키핑과 패스, 여기에 손흥민의 폭발적인 스프린트와 마무리에 착안했다. 케인은 어린 시절 미드필더로 뛰었다. 중앙 미드필더였다. 찔러주는 패스를 주로 연마했다. 그 감각이 남아 있었다. 케인이 경기 중 허리로 내려가니 상대 수비수들도 따라올 수밖에 없었다. 여기서 손흥민의 강점이 빛을 발했다. 스프린트로 뒷공간을 파고들었다. 케인이 패스를 찌르고, 손흥민이 마무리했다. 트랜스폼은 완벽했다.

2020~2021시즌 최전방 케인은 틈틈이 허리로 내려와 손흥민에게 볼을 뿌렸다. 손흥민에겐 두 가지 선택권이 있었다. 그대로 슈팅하는 것 혹은 다시 반대편에서 달려오는 동

료에게 연결해 찬스를 만들어주는 것이었다. 케인이 볼을 잡으면 손흥민은 전방으로 뛰어나갔다. 케인의 패스는 절묘했다. 손흥민은 상대 수비 뒷공간을 무너뜨린 후 그대로 골을 만들었다. 손흥민은 슈팅만 하는 것이 아니었다. 뒷공간을 무너뜨리고 볼을 몰고 들어갔다. 케인도 따라왔다. 케인에게 패스했다. 케인이 자연스럽게 골로 마무리했다. 케인에게 집중되던 수비가 손흥민 쪽으로 분산됐다. 케인의 득점력도 살아났다. 2020~2021시즌 케인은 리그에서 23골을 넣으며 득점왕을 차지했다. 손흥민은 17골을 넣으며 득점 순위 4위에 올랐다. 2021~2022시즌에는 손흥민이 23골로 리그 득점왕을, 케인이 17골을 넣었다.

'손-케 조합'은 영국 무대를 제패했다. 2022년 2월 26일 영국 리즈 엘런드 로드에서 열린 리즈 유나이티드와의 경기에서 토트넘은 4-0으로 승리했다. 후반 40분 손흥민이 쇄도했고 케인이 정확한 롱패스를 찔렀다. 손흥민은 이를 받아 그대로 슈팅, 골망을 흔들었다. 케인의 도움, 손흥민의 골이었다. 이 골은 손-케 조합이 프리미어리그에서 만들어낸 37번째 골이었다. 디디에 드로그바와 프랑크 램파드(이상 첼시)가 기록했던 합작 36골을 넘어 1위가 됐다. 둘의 기록은 계속 이어지고 있다. 둘이 골을 합작할 때마다 프리미어리그

신기록이 새로운 지평을 넓혀 나가고 있다

　손흥민은 토트넘에 확실히 닻을 내렸다. 그 닻은 스프린트
와 마무리 능력이었다. 선수들이 바뀌어도 감독이 바뀌어도
'빠르고 슈팅 좋은' 손흥민을 외면할 수 없었다. 팀 변화라는
엄청난 파도 속에서도 손흥민은 자신만의 닻을 이용해 자기
자리를 확실하게 지켰다. 케인과의 호흡은 거대한 파도 속
안전판이었다. 케인뿐만이 아니었다. 다른 선수들과도 호흡
을 맞췄다. 뒷공간 돌파는 손흥민만이 가진 최고의 장점이었
다. 격변하는 팀에서 스피드와 마무리라는 자신의 최고 가치
를 확실히 보여주는 것. 손흥민이 토트넘과 프리미어리그의
변화 속에서도 살아남아 계속 나아가는 비결이다.

통제할 수 없는 일에 담담해져라

✳

"이적설이요? 제가 할 수 있는 것은 없었어요. 구단끼리의 이야기일 뿐이지요. 저는 경기를 잘하는 것에 집중할 뿐이었어요."

손흥민, 2016년 9월 10일 영국 스토크 온 트렌트, 브리태니아 스타디움

손흥민은 의외로 담담했다. 직전 한 달간 손흥민은 그 누구보다도 어려운 길을 걸어왔다. 거취가 흔들렸다. 외풍이었다. 자신의 운명을 스스로 결정할 수 없었다. 거대한 파도 앞, 나뭇조각 하나에 의지한 채 어디로 휩쓸릴지 모르는 조난자의

모습이었다. 무력감이 컸을 것이다. 발버둥도 쳤을 것이다. 피가 마르는 시간이었다. 드디어 손흥민 거취에 대해 결정이 났다. '토트넘 잔류'였다. 모든 상황이 끝난 후 손흥민은 담담하게 말했다.

"제가 할 수 있는 것은 아무것도 없었어요."

고난은 사람을 성숙하게 한다. 손흥민은 이 한 달 동안 성숙해졌다. 부진과 이적설 그리고 극적 잔류까지, '월드클래스' 손흥민을 있게 한 가장 큰 분수령이었다.

거대한 파도에 휩쓸릴 때의 무력감

시간을 돌린다. 2주 전 2016년 8월 27일 영국 런던 화이트하트레인. 토트넘과 리버풀의 2016~2017시즌 프리미어리그 3라운드 경기가 펼쳐졌다. 손흥민에게 최대 위기였다. 벤치멤버로 이름을 올렸다. 출전 여부와 출전 시간에 의미가 컸다. 이적설이 흘러나오고 있었기 때문이다.
2015~2016시즌 손흥민은 아쉬운 모습을 보였다. 40경기

에 나서 8골 6도움을 기록했다. 프리미어리그에서는 4골 1도움에 그쳤다. 유로파리그 3골 4도움, FA컵 1골 1도움이었다. 2015년 8월 토트넘이 손흥민을 영입하기 위해 레버쿠젠에 지불했던 이적료는 2,200만 파운드였다. 당시 가치로 400억 원. 토트넘 역사상 세 번째로 높은 이적료였다. 연봉도 높았다. 당시 추정치로 800만 유로, 약 106억 원이었다. 토트넘 소속 선수 중 다섯 손가락 안에 드는 높은 금액이었다. 이런 선수가 리그에서 4골밖에 넣지 못했다.

왜 그랬을까. 부상에 발목이 잡혔다. 토트넘에 와서 첫 경기를 치르기 전 발바닥 통증을 느꼈다고 한다. 그러나 말하지 않았다. 주전 경쟁에 대한 부담이 컸기 때문이었다. 부상은 악화됐고 결국 9월 발이 고장 났다. 족저근막염이었다. 11월까지 2달을 뛰지 못했다. 11월에 돌아왔지만 몸이 무거웠다.

그사이 경쟁자들은 펄펄 날았다. 해리 케인, 델리 알리, 크리스티안 에릭센, 에릭 라멜라 등이 미친 듯한 경기력을 보여주고 있었다. 이들을 제치고 주전 자리를 파고들어가기가 쉽지 않았다. 부상과 장기 결장, 경쟁자들의 맹활약 등 부정적 요인들이 결합하며 손흥민은 어려움에 봉착했다.

'오프 더 볼.' 즉 볼이 없을 때의 움직임도 너무 안 좋았다. 동료 선수들과 동선이 겹쳤다. 패스를 받아야 할 위치에 없고 애먼 위치에 가 있는 경우가 많았다. 함부르크, 레버쿠젠과는 전혀 다른 토트넘의 축구 철학에도 적응하지 못했다. 그러다 보니 조급해졌다. 무리한 슈팅이 계속 나왔다. 2015~2016시즌 한때 손흥민은 리그에서 가장 슈팅이 부정확한 선수 2위에 오르기도 했다. 시즌 막판 조금씩 회복되는 모습을 보였지만 그래도 전체적으로는 부진했다. 주전이 아닌 로테이션 멤버로 전락했다.

외풍이 불었다. 이적설이었다. 이적료 400억 원, 당시 토트넘 역사상 세 번째로 비싼 몸값을 지불하고 데려온 선수의 추락. 구단 안팎에서 비판의 목소리가 흘러나왔다. 차라리 빨리 이적시켜 이적료의 일부라도 회수해야 한다는 의견도 나왔다.

2016년 리우 올림픽에서의 메달 획득 실패도 이적설에 힘을 실었다. 손흥민은 한국 올림픽 대표팀에 와일드카드로 합류했다. 조 1위로 8강에 올랐다. 손흥민은 펄펄 날았다. 피지전과 독일전에서 골을 넣었다. 한국은 조 1위로 8강에 올랐다. 8강 상대는 약체 온두라스였다. 4년 전 런던에서의 동메달을 재현할 것 같았다. 한국은 온두라스를 맞이해 시종일관

몰아쳤다. 손흥민 본인도 욕심을 냈다. 그러나 결정적인 기회를 연달아 놓쳤다. 한국은 0-1로 졌다. 탈락이었다. 손흥민의 병역 면제 기회는 날아갔다.

빈손으로 영국에 돌아왔다. 8월 15일이었다. 주전 경쟁은 여전히 험난했다. 팀 동료이자 경쟁자인 에릭 라멜라가 펄펄 날았다. 손흥민이 리우에 있는 사이 에버턴과의 프리미어리그 1라운드 원정 경기에서 동점골도 넣었다. 손흥민의 존재 가치는 계속 줄어들었다. 이적이 진행됐다.

8월 20일이 넘어가면서 독일에서 바람이 솔솔 불었다. 볼프스부르크였다. 2013년부터 손흥민을 영입하고자 했다. 리우 올림픽이 열리기 전인 5월에도 이적 제안을 한 바 있었다. 시간이 지날수록 이적설은 구체화됐다. 볼프스부르크는 주포인 바스 도스트가 이적했다. 에이스 드락슬러와 칼리주리까지 이적 가능성이 제기됐다. 이를 메우기 위해 손흥민이 필요했다.

볼프스부르크는 돈도 있었다. 3,000만 유로를 제안했다. 당시 금액으로 387억 원. 1년 전 400억 원을 썼던 토트넘으로서는 솔깃한 제안일 수밖에 없었다. 손흥민과 볼프스부르크의 개인 합의도 이뤄졌다는 보도까지 나왔다.

포체티노 감독이 기름을 부었다. 인터뷰에서 "더 직선적이고 적극적인 공격수가 필요하다. 에릭센, 손흥민, 라멜라가 있지만 다들 발밑으로 공이 들어오는 것을 선호한다. 마네처럼 상대 수비 라인을 깰 수 있는 선수가 필요하다"고 했다. 이적에 무게가 실렸다.

8월 27일 의미심장한 경기가 열렸다. 화이트 하트레인에서 토트넘과 리버풀이 맞대결을 펼쳤다. 손흥민의 출전 여부가 중요했다. 결장하거나, 나오더라도 무의미한 시간만을 보낸다면 이적설은 기정사실로 굳어지게 되는 상황이었다. 결국 손흥민은 뛰지 못했다. 90분 종료 휘슬이 불릴 때까지 벤치만 지켰다. 포체티노 감독의 의중에 손흥민은 전혀 없다는 것을 볼 수 있었다.

이날 리버풀전 교체 명단에서 공격수는 손흥민, 빈센트 얀센, 조슈아 오노마였다. 윙어와 최전방 공격수가 가능한 손흥민의 교체 투입 가능성은 상당히 높았다. 전반 28분 수비수 카일 워커가 다쳤다. 포체티노 감독은 최전방 공격수 빈센트 얀센을 넣었다. 스리백(세 명의 수비수를 세우는 전술)으로 전환했다. 윙어들의 부담이 커졌다. 이 말은 윙어의 교체 투입이 확실하다는 의미였다. 전반 43분 리버풀에게 선제골을 내쳤다. 공격수의 교체 투입은 피할 수 없었다.

후반 들어 포체티노 감독은 공격에 힘을 실었다. '공격 앞으로'를 주문했다. 에릭 라멜라, 델리 알리, 크리스티안 에릭센에게 계속 앞으로 나가라고 했다. 이들의 체력이 떨어질 후반 중반 이후가 손흥민이 교체 투입될 찬스였다. 후반 27분 토트넘의 로즈가 동점골을 넣었다. 토트넘은 공격수를 추가 투입해 역전골을 노려야 했다. 손흥민은 몸을 풀었다. 포체티노 감독의 입만 쳐다봤다.

하지만 손흥민의 바람은 물거품이 됐다. 후반 38분 포체티노 감독은 손흥민을 외면했다. 오노마를 선택했다. 손흥민으로서는 자존심이 상할 수밖에 없었다. 토트넘 유스 출신의 어린 선수에게조차 자리를 빼앗겼다. 마지막 교체 카드 역시 손흥민이 아닌 중앙 미드필더 해리 윙크스였다. 포체티노 감독의 구상에 손흥민은 없었다는 의미였다. 손흥민은 허탈한 표정을 지었다. 손흥민과 토트넘의 동행은 여기까지인 듯했다.

포체티노 감독 입장에서 생각해보자. 원래 포체티노 감독은 손흥민의 열렬한 팬이었다. 사우스햄턴을 지도할 때 손흥민을 영입하고 싶어 했다. 손흥민의 장점인 수비 뒷공간으로 파고드는 움직임과 골 결정력을 높이 샀다. 토트넘에 온 후 손흥민을 영입하는 데 성공했다. 그러나 토트넘에서의 손흥민은 자신이 봤던 손흥민과 너무 달랐다. 수비 뒷공간을 파고들고자 했으나 계속 타이밍이 맞지 않았다. 부상의 영향도 컸다. '오프 더 볼' 움직임도 좋지 않았다. 몸싸움이나 경합에서도 약점을 드러냈다. 포체티노 감독은 고민에 빠졌다.

그사이 토트넘의 다니엘 레비 회장은 더 큰 고민을 하고 있었다. 한 시즌이었지만 손흥민 영입은 실패였다. 저평가 우량주라고 생각해서 투자했다. 그러나 한 시즌 동안 지켜본 손흥민은 그 반대였다. 그런 와중에 그나마 제값을 받고 팔 수 있는 기회가 찾아왔다. 그 돈을 받고 다른 선수를 사오는 것이 더 이득이었다. 리버풀전에서 끝내 손흥민을 외면했던 것은 아마도 그런 이유에서였을 것이다. 팔겠다는 의지였다.

리버풀전 다음 날 기사를 썼다. 손흥민 이적 현실화가 주제였다. 기사 서두부터 이를 확실하게 명시했다.

'퍼즐이 하나둘씩 맞아떨어지며 하나의 결론을 향하고 있다. 손흥민 독일 복귀다.'

이곳저곳에 안테나를 세웠다. 서울에 연락해 교차 검증도 시도했다. 진단 결과 '이적'이라는 결론에 도달했다.

개인적으로 '멘붕'에 빠졌다. 손흥민을 취재하기 위해 영국에 온 지 반년 정도밖에 되지 않았다. 아내마저 2달 전에 회사를 그만두고 따라왔다. 독일로 가야 하나. 그것도 아무것도 없는 볼프스부르크에. 여러 생각이 머릿속을 스쳐 지나갔다. 손흥민도 손흥민이지만 내 삶도 복잡해졌다.

8월 30일 오후 심란한 마음을 가진 채 산책에 나섰다. 런던 남부 복스홀 가든으로 향했다. 템스강을 보고 가든을 거닐었다. 어떻게 해야 하나. 정말 어떻게 해야 하나. '띵동.' 휴대전화가 울렸다. 이적 시장 주요 뉴스를 실시간으로 알려주는 스카이스포츠 앱 알람이었다. 뭔가 하고 봤다.

'토트넘은 손흥민을 이번 이적 시장에서 팔지 않기로 했다.'

갑작스러웠다. 그 자리에 앉아 메고 있던 백팩에서 노트북을 꺼냈다. 기사를 작성하고 송고했다.

'손흥민, 토트넘에 남는다. 英 스카이스포츠 보도.'

반전. 손흥민의 잔류는 그렇게 결정됐다. 이유가 무엇일까. 여러 가지 설들이 난무했다.

한 치 앞도 알 수 없는 인생

일단 표면적으로 나온 이유는 '포체티노 감독 설득설'이다. 이적 시장이 끝나고 포체티노 감독은 "손흥민이 독일에 복귀할 생각을 가지고 있었다고 해도 내가 설득해서 잔류하게 했을 거예요"라고 말했다. 포체티노 감독이 마음을 바꿔 손흥민 잔류를 요청했고, 레비 회장은 마무리되어가던 판을 뒤엎으며 감독에게 힘을 실어줬다.

또 다른 이유는 돈이었다. '협상 막판 토트넘이 이적료를 더 높였다. 결국 볼프스부르크가 이를 감당할 수 없었다'는 것이었다. 볼프스부르크가 지불하기로 한 3,000만 유로라면 토트넘으로서도 생큐인 돈이었다. 협상의 귀재 레비 회장으로서는 충분히 만족할 만한 딜임에 틀림없었다. 그런데 갑자기 막판에 이적료를 높였다.

레비 회장도 알고 있었을 것이다. 갑자기 이적료를 높인다는 것은 결국 판을 깨자는 의미였다. 주판알 튕기기의 귀재인 레비 회장이 왜 갑자기 그랬을까. 그 돈을 받고 팔아도 1년 전 손흥민을 데려오면서 레버쿠젠에 지불했던 돈은 만회할 수 있었다. 그런데 갑자기 수익을 내려고 판돈을 높였을까. 아닐 것이다. 이유가 무엇일까.

우선 포체티노 감독이 손흥민을 믿고 있었다. 손흥민은 윙어이지만 최전방도 가능하다. 이런 선수를 이적 시장 말미에 대안도 없이 보낼 수는 없다. 감독은 쓸 수 있는 선수가 한 명이라도 더 있어야 좋다. 포체티노 감독은 손흥민의 이적을 극구 반대했을 것이다.

레비 회장의 입장은 다를 수 있다. 어쨌든 그는 사업가다. 주판알을 튕겨야 했다. 이 지점에서 스폰서 개입설이 나온다. 손흥민의 이적 방침을 알게 된 토트넘의 한 스폰서 회사가 발끈하고 나섰다는 것이다. 손흥민을 보고 토트넘에 스폰서 계약을 체결한 기업이었다. 스폰서가 되고 얼마 되지 않아 손흥민이 나간다고 하니 반발할 수밖에 없었을 것이다. 결국 스폰서의 눈치를 보게 된 토트넘이 어쩔 수 없이 손흥민 이적을 포기했다는 것이 스폰서 개입설이다.

내가 통제할 수 있는 일에만 집중하라

손흥민은 토트넘에 남았다. 그러나 바뀐 것은 없었다. 여전히 토트넘에서 주전 경쟁은 힘겨워 보였다. 볼프스부르크는 '겨울 이적 시장에서 손흥민을 꼭 데려오겠다'고 말하기도 했다. 손흥민이 토트넘에 계속 남으려면, 아니 최소한 잉글랜드 무대에 있으려면 성과가 필요했다. 그 성과를 만들어내기까지 단 열흘이면 충분했다.

9월 10일 스토크 온 트렌트. 손흥민이 완전히 달라졌다. 시즌 첫 선발 출전 경기에서 손흥민은 2골 1도움을 기록했다. 토트넘은 4-0으로 승리했다. 손흥민이 경기 최고 수훈선수로 선정됐다. 특히 두 번째 골이 압권이었다. 후반 11분 에릭센의 패스를 받아 그대로 오른발 논스톱 감아차기 슈팅을 때렸다. 골문 안쪽으로 빨려 들어갔다. 손흥민의 몸 상태가 정점에 올랐을 때 나오는 골 장면이었다.

휴식이 컸다. 리버풀전이 끝나고 2주간의 A매치 기간이 시작됐다. 손흥민은 한국으로 향했다. 한국은 중국, 시리아와 경기를 앞두고 있었다. 손흥민은 중국과의 경기 하나만 치르고 영국으로 돌아왔다. 대한축구협회와 토트넘이 미리 합의

한 상황이었다. 영국으로 돌아온 손흥민은 휴식과 훈련을 병행하며 컨디션을 끌어올렸다. 더 이상의 부상도 없었다. 그 사이 손흥민의 팀 내 경쟁자들은 A매치 2경기를 모두 치르고 왔다. 손흥민에게는 선발 출전의 기회였다. 그 기회를 잘 살렸다.

> "A매치가 끝난 뒤의 경기였어요. 쉽지 않았는데요, 모든 선수들이 이기고자 한 것이 컸어요. 도와준 팀 동료들에게 감사해요."

A매치 기간에 한 경기라도 덜 치렀던 손흥민의 상황이 반전의 발판을 마련했던 것이다. 손흥민은 이 기회를 놓치지 않고 준비를 철저히 했다. 몸 상태를 유지하고 한 방을 노렸다.

마음을 비운 것도 컸다. 토트넘에 잔류했지만 확실한 잔류는 아니었다. 계속 부진하면 다른 팀으로 보내질 수 있는 상황이었다. 어차피 모 아니면 도였다. 다른 것들은 생각하지 않고 주어진 경기에만 집중했다.

조급증도 버렸다. 슛 난사도 없었다. 슈팅 하나하나에 혼을 실었다. 슈팅 정확도를 끌어올렸다. 스토크시티와의 경기

전 손흥민은 자신의 가장 큰 무기인 슈팅을 계속 가다듬었다. 다른 것은 생각하지 않고 이 경기에만 모든 것을 쏟아부었다. 결과는 달콤했다. 2골 1도움. 손흥민은 여기에 만족하지 않았다.

> "오늘 두 골이 다가 아니에요. 앞으로 나갈 길이 많이 남아 있어요."

그의 말대로 그 두 골은 다가 아니었다. 9월 손흥민은 불타올랐다. 팀의 주전 윙어로 안착했다. 더 이상 '나쁜 의미'의 이적설은 나오지 않았다. 토트넘의 에이스로 성장하는 출발점이었다. 포체티노 감독은 스토크시티전이 끝난 뒤 이렇게 말했다.

> "많은 고민이 있었던 이적 시장이 지나갔어요. 손흥민의 잔류가 옳은 선택이었음을 보여줬습니다."

월드클래스를 향한 첫 번째 돌이 이렇게 놓였다.

걱정하면 지고
설레면 이긴다

영국 언론은 집요하다. 그리고 배타적이다. 때로는 비겁하기도 하다. 2022~2023시즌 초반 영국 언론이 손흥민을 향해 보여준 행태는 실망스러웠다. 하지만 손흥민은 그런 언론의 행태를 이겨냈다. 보란 듯이 해트트릭으로 답했다. 통쾌한 반전이었다.

시즌 시작 전 7월 대한민국 서울. 축구 관계자들을 만났다. 화두는 역시 '월드클래스' 손흥민이었다. 득점왕에 대한 감탄과 경이가 이어졌다. 나는 손흥민이 기록한 대부분의 골을 현장에서 봤다. 이에 대한 부러움 섞인 감탄도 꽤 많이 있었다.

걱정도 나눴다. 요지는 손흥민이 받게 될 견제였다. 득점왕을 차지한 이후 손흥민의 위상은 더욱 높아졌다. 그만큼 손흥민을 향한 견제는 거세질 수밖에 없다. 모든 프리미어리그 팀들이 전력분석실을 운영하고 있다. 그 규모는 최소 수십 명이다. 자신들의 전력 분석은 물론이고 다른 팀들의 전력도 분석한다. 상대팀 에이스들에 대해서는 현미경 분석이 이뤄진다. 이제 손흥민은 '경계 대상 1순위'가 됐다. 프리미어리그 최고 요주의 인물이 된 것이다.

토트넘 수비수 에릭 다이어와도 만났다. 토트넘의 한국 투어 중이었다. 서울 목동의 한 실내 풋살장에서 라운드 인터뷰를 가졌다. 손흥민의 득점왕에 대한 질문이 주를 이루었다.

"저는 손흥민이 득점왕을 할 것이라고 믿었어요. 대단한 시즌을 보냈죠. 그렇게 많은 골을 넣으면서 페널티킥 골이 하나도 없다는 것도 엄청난 업적이에요."

득점왕 2연패에 대해서도 물었다. 다이어의 대답은 원칙론에 베이스를 두고 있었다.

"손흥민이 득점왕을 다시 못 할 이유가 전혀 없어요. 지난 시즌처럼 하면 다시 근접할 수 있을 거예요."

그사이 다이어의 말 한마디가 있었다. 기사에 따로 쓰지는 않았다.

"기대가 크기는 하네요."

쉽지 않다는 뜻이었다.

아무리 흔들어도 흔들리지 않는 뚝심

영국으로 돌아왔다. 8월 초 시즌이 시작됐다. 예전보다 3주 정도 빨랐다. 11월 카타르 월드컵 때문이었다. 손흥민의 입지는 탄탄했다. 누구도 손흥민의 선발 출전을 의심하지 않았다. 2022년 8월 6일 프리미어리그 첫 경기가 열렸다. 사우스햄턴과의 홈경기였다. 손흥민은 90분을 뛰었다. 도움을 올렸다. 팀은 4-1로 승리했다. 손흥민은 골이 없었다. 케인도 골을 넣지 못했다. 손흥민은 긍정적인 부분에 주목했다. '골이 분산된 것'에 기뻐했다. 자신의 골이 없어도 다른 선수들이 골을 많이 넣어서 이긴 것을 긍정적으로 바라봤다.

부담은 없었을까. 득점왕에 대한 기대가 큰 상황이었다. 직전 시즌 23골로 리그 득점왕을 했다. 이번 시즌 최소 15골 이상은 넣어주어야 체면치레를 할 수 있다. 15골, 쉽지 않은 숫자이기는 했다.

"부담이요? 전혀 부담을 가지지 않아요. 당연히 잘하는 모습을 보여드리고 싶어요. 하지만 그것 때문에 부담을 느끼면 항상 결과가 반대로 가더라고요. 하던 대로 축구를 즐겁게 하다 보면 저를 응원해주시는 팬들한테 다시 기쁨을 드릴 수 있지 않을까 생각해요."

득점왕으로 커리어 하이를 찍고 난 바로 다음 시즌. 부담이 가는 상황에도 손흥민은 태연했다. 그가 걱정과 불안에서 자유로울 수 있는 이유는 '남에게 보이는 축구'가 아닌, 오로지 '지금 여기서 하는 축구'에 집중하기 때문이다. "오늘은 잘하는 모습 보여줘야 하는데" 하고 걱정하는 대신 "오늘도 즐겁게 놀아보자"라는 설렘으로 매 경기에 임하는 손흥민식 마인드 컨트롤이다.

두 번째 경기, 첼시 원정. 손흥민은 침묵했다. 세 번째 경기, 토트넘과 울버햄턴이 격돌했다. 손흥민과 황희찬의 코리안 더비였다. 손흥민은 선발 출전했다. 76분을 뛰었지만 침묵했다. 믹스트존에서 친한 현지 기자가 내게 물었다.

"도대체 손흥민에게 무슨 일이 생긴 거야? 벌써 세 경기째 골을 못 넣었다고."
"그럴 수도 있지. 기다려봐, 조바심 내지 말고."

묘한 기류가 흘렀다. 하지만 이때까지만 해도 그저 기분 탓이라고 생각했다. 손흥민을 만났다. 너무 뻔한 질문을 했다. 아쉽지 않으냐고.

"아쉽죠. 저도 매번 골을 넣고 싶은 사람이에요. 공격수는 경기 뛰는 내내 찬스를 기다리고 그 찬스를 얻기 위해서 노력해요. 그걸 못 넣으면 누구보다도 제 자신이 안타깝고 아쉬워요."

네 번째 경기, 노팅엄 원정에서 역시 침묵. 영국 언론들은 손흥민을 향해 견제구를 던지기 시작했다. 콘테 감독은 걱정하지 않았다. 그는 "손흥민은 언제나 토트넘을 위해 헌신합니다. 손흥민은 우리에게 언제나 중요한 선수"라고 했다. 하지만 이런 콘테 감독의 믿음에도 불구하고 영국 언론의 손흥민 흔들기가 본격적으로 시작됐다. 다섯 번째 경기인 웨스트햄과의 원정 경기를 이틀 앞둔 8월 29일. 영국 런던 엔필드 지역에 있는 토트넘 홋스퍼 트레이닝 센터에서 콘테 감독의 기자회견이 열렸다.

"히샬리송은 좋은 선수다. 다음 경기에서 스타팅 일레븐(선발)으로 볼 수 있을 것이다."

히샬리송에 대한 콘테 감독의 이 발언은 기자들에게 미끼를 던져주었다. 영국 언론들은 "웨스트햄전에서는 손흥민이 빠지고 히샬리송이 선발이라는 뜻인가"라고 물었다. 콘테 감독은 "그런 뜻은 아니다. 미래를 이야기하는 것이다. 웨스트햄전, 혹은 마르세유전이 될 수도 있다"고 변호했다. 이에 기자들은 "이번 주는 아니라는 말인가"라며 집요하게 물었다. 콘테 감독은 "특정할 수 없다"고 말을 돌렸다. 콘테 감독의 변호가 무색하게 웨스트햄전에서 손흥민은 또 침묵했다.

다음 경기는 풀럼과의 홈경기였다. 올 시즌 여섯 번째 경기였다. 역시 이 경기를 앞두고 콘테 감독의 기자회견이 열렸다. 영국 기자들은 또 질문을 바꾸었다. 클루세프스키가 계속 좋은 모습을 보이고 있지 않으냐고 감독을 떠보며 어떻게든 손흥민을 끌어내리려 했다. 콘테 감독은 클루세프스키 선수를 칭찬하는 선에서 답변을 마쳤다.

9월 3일 토트넘 홈에서 풀럼전이 열렸다. 손흥민은 역시 선발 출전으로 84분을 뛰었다. 골을 넣었다. 그러나 그 직전 케인의 오프사이드로 취소됐다. 손흥민의 슈팅은 크로스바를 때리고 나왔다. 운이 따르지 않았다.

경기 후 믹스트존. 걸어 나오는 손흥민과 눈이 마주쳤다. 허탈한 웃음을 지었다. 손흥민도 허탈한 표정이었다.

"골이 오늘 정말 잘 안 들어갔네요. 이렇게도 안 들어갈 수 있나요."

"(살짝 허탈하게 웃으며) 그래도 들어갈 때는 잘 들어가

니까요. 제 준비가 부족해서 골이 들어가지 않았다고
생각하고 계속 공부하고 있어요."

"그래도 사람인지라 아쉽기는 할 거 같아요. 골대도 때
리고 오프사이드로 취소되고 했는데요."

"제 자신을 가장 먼저 돌아보게 되는 것 같아요. 경기
중에 내가 어떻게 했어야 됐고 그런 것들을 계속 되돌
려보는 것 같아요. 이런 노력들이 하나하나 쌓이면 다
시 골이 터질 거라 생각해요."

이보다 조금 앞선 시각. 콘테 감독도 손흥민에게 힘을 실
어주었다.

"손흥민은 볼이 있을 때나 없을 때나 팀 경기력에 많이
기여했어요. 골 운이 따르지 않았지만 걱정하지 않아
요. 손흥민 같은 스트라이커는 많은 골을 넣을 거예요."

일곱 번째 경기는 유럽챔피언스리그 조별 리그 첫 경기
였다. 홈에서 마르세유와 격돌했다. 이번에도 손흥민은 선발
출전했다. 몸 상태도 좋았다. 손흥민은 자신의 장점인 뒷공
간 침투를 계속 시도하며 마르세유를 상대했다. 후반 3분 스

프린트를 하며 뒷공간으로 파고들었다. 마르세유 수비수 음벰바의 파울을 유도해냈다. 주심은 레드카드를 꺼내들었다. 다이렉트 퇴장이었다. 손흥민의 스프린트가 먹혀들었다. 수적 우세 속 토트넘은 2-0으로 승리했다. 콘테 감독은 "손흥민이 돌파구를 만들었다. 레드카드를 얻어냈다. 게임을 바꿨다"고 칭찬했다.

믹스트존. 손흥민을 만나기 전에 고민했다. 레드카드를 유도해냈지만 골은 없었다. 벌써 일곱 번째 경기였다. 손흥민에게 군이 골에 대한 이야기를 꺼내고 싶지 않았다. 대신 경기 승리, 동료 선수와의 호흡, 다음 경기 예상 등을 물었다. 그렇게 넘어가고 싶었다. 손흥민이 한국 취재진과의 인터뷰를 끝내고 퇴근하려 할 때 영국 기자 하나가 그를 붙잡았다. 착한 손흥민. 해리 케인처럼 "노 생큐"라고 해도 되지만 인터뷰에 응했다. 영국 기자의 질문은 역시나 교묘했다. "많은 이들이 첫 골을 기다리고 있는데 본인 역시 첫 골을 기다리고 있느냐"고 물었다. 질문의 의도는 뻔했다. 아직도 골이 없으니 알아서 벤치로 가야 하는 거 아니냐는 의미였다. 손흥민은 기자의 의도에 넘어가지 않았다. 사람 좋은 미소를 지어보이며 정론을 이야기했다.

"제가 만약 경기 중에 찬스를 못 만들었다면 걱정을 할 거예요. 그러나 찬스를 만들고 있어요. 운이 따르지 않을 때도 있기에 걱정하지 않아요. 이런 상황은 나를 강하게 만들 거예요. 가장 중요한 것은 팀이 무엇을 필요로 하는지를 아는 것이에요."

어떤 마음이었을까. 손흥민도 영국 기자의 의도를 잘 알고 있었을 것이다. 어떤 대답을 하더라도 기자들은 자신의 논조대로 쓸 것이 분명했다. 이럴 때 필요한 것이 바로 자신감이었다. '이런 상황이 나를 강하게 만들 것'이라는 말은 자신감을 피력하고, 자신을 낮춰 보지 말라는 의지의 표현이었다. 우문현답이었다.

그럼에도 영국 언론의 시선은 더욱 싸늘해졌다. 불행 중 다행으로 그 주말 예정되어 있던 맨시티와의 원정 경기가 연기됐다. 엘리자베스 2세 여왕의 서거 때문이었다. 주말 휴식을 취한 토트넘은 9월 13일 포르투갈의 스포르팅 리스본과 챔피언스리그 조별 리그 2차전을 치르게 됐다. 이를 하루 앞두고 리스본 현지에서 기자회견이 열렸다. 콘테 감독이 나왔다. 영국 기자들은 손흥민을 선발에서 제외시키겠다는 의지로 똘똘 뭉쳤다. 세 번이나 손흥민 선발 제외 관련 질문을 했다. 콘테 감독은 "모든 선수들이 로테이션을 받아들여야 한다. 4명의 공격수 중 1명은 벤치로 가는 것이 일반적"이라고 답했다. 모든 선수가 로테이션을 피할 수 없다는 원론적인 이야기였다. 하지만 영국 언론은 이를 아전인수 격으로 해석했다. 기자회견 직후 대부분의 영국 언론은 '콘테 감독, 드디어 손흥민에게 경고' 혹은 '손흥민 선발 제외 시사'라고 제목을 달았다.

다음 날 경기 시작 1시간 전. 영국 기자들의 표정은 일그러졌다. 반면 나는 웃음 지었다. 콘테 감독이 오만한 영국 기자들에게 한 방 먹였다. 손흥민은 선발이었다. 콘테 감독 입장에서 손흥민은 쓸 수밖에 없는 카드였다. 네 명의 공격수 가운데 케인과 손흥민은 감독이 원하는 것을 100퍼센트 수행한다. 포지션도 여러 가지를 겸할 수 있다. 최전방 공격수, 측면 윙어, 여기에 경기를 풀어주는 역할인 10번 자리까지. 쉽게 말해 멀티플레이어다. 풍부한 경험도 갖추었다. 언론이 손흥민을 빼라고 하지만 콘테 감독으로서는 언론에 휘둘릴 이유가 전혀 없었다. 선수 기용의 권한은 오로지 감독의 것이었다.

결과는 좋지 않았다. 손흥민은 72분간 헛심만 쓰고 골을

넣지 못했다. 토트넘 전체 선수들이 고전했다. 토트넘은 0-2
로 졌다. 리스본에서는 하이에나 같은 영국 기자들의 직접적
인 공세를 피했다. 그러나 여전히 언론 분위기는 좋지 않았
다. 골이 문제였다. 그 한 골이 안 터졌다. 8경기 무득점. 더
이상 콘테 감독도 손흥민을 변호할 명분이 없었다.

내려갈 걱정 대신 올라갈 설렘으로

시즌 아홉 번째 경기는 레스터시티와의 홈 경기였다. 역시
경기 하루 전 기자회견에서 손흥민에 대한 질문이 나왔다.
콘테 감독은 애제자를 변호하는 쪽으로 방향을 틀었다.

> "우리 팀은 언제나 손흥민이 필요해요. 너무 중요한 선
> 수라 기복이 있더라도 돌아올 수 있도록 해야 합니다.
> 일부 경기에서는 그가 선발에서 제외되는 상황도 있을
> 거예요. 그러나 이는 손흥민을 보호하고 에너지를 돌보
> 기 위한 거예요."

다음 날 레스터시티전에서 손흥민은 선발에서 제외됐다.

첫 선발 제외였다. 손흥민만 제외된 것은 아니었다. 주전으로 활약하던 크리스티안 로메로와 에메르송 로얄도 벤치였다. 콘테 감독은 선수 보호를 위한 로테이션을 감행했다.

손흥민은 3-2로 앞서고 있던 후반 14분 교체로 들어왔다. 손흥민이 들어왔을 때 엄청난 박수와 환호가 쏟아졌다. 후반 28분 멋진 중거리슛 골을 넣었다. 시즌 첫 골이었다. 후반 39분 두 번째 골을 넣었다. 손흥민은 손가락을 입에다 가져다댔다. 다른 말을 하지 말라는 의미였다. 후반 41분 손흥민은 해트트릭을 완성했다. 토트넘은 6-2로 이겼다. 손흥민은 MOM, 즉 '맨 오브 더 매치(Man of the Match)'를 차지했다.

경기 상황이 손흥민의 해트트릭을 도왔다. 후반 14분 교체로 들어간 손흥민은 측면 윙어로 뛰었다. 측면과 중앙 미드필더를 오가며 볼 배급에 집중했다. 후반 24분 콘테 감독은 선수 교체를 통해 전술을 바꿨다. 3-4-3 전술에서 3-5-2 전술로 옷을 갈아입혔다. 손흥민은 케인과 함께 투톱으로 나섰다. 직접적으로 골을 넣을 수 있는 자리였다.

손흥민의 한풀이가 시작됐다. 오롯이 골에만 집중할 수 있었다. 볼을 잡으면 앞으로 내달렸다. 그리고 슈팅에 모든 신경을 집중했다. 그동안 몸 상태나 경기력이 나빴던 것이 아니었다. 골을 넣을 수 있는 위치에 있지 못했을 뿐이다. 이를 몸소 증명하려고 했다. 그렇게 세 골을 넣었다. 특히 세 번째 골은 욕심을 부린 결과였다. 역습 상황에서 옆에 달리던 케인에게 패스할 수 있었다. 그러나 손흥민은 슈팅을 택했다. 해트트릭으로 자신을 비판했던 이들의 코를 납작하게 하려 했고, 적중했다. 영국 언론의 집요한 깎아내리기에 대한 손흥민의 통쾌한 반전 한 방이었다.

이 해트트릭은 손흥민의 선수 생활에 중요한 전환기가 될 것으로 보인다. 이 사건을 통해 손흥민은 한 단계 더 발전했다. 외부의 흔들기에 버티는 여유가 생겼다. 그의 성장과 더불어 토트넘도 성장했다. 득점왕 수상 이후 8경기 무득점은 어쩌면 손흥민의 선수 생활에서 더 의미 있고 성숙한 후반기를 여는 성장통이 아니었을까.

미래를 준비하며
버티기

✳

손흥민에게 A대표팀은 의미가 크다. 태극마크는 남다르다. 외국에 나가보면 안다. 고국이 주는 감정에는 여러 가지가 섞여 있다. 그리움과 자부심, 때로는 안쓰러움.

영국 런던 피카딜리 서커스 앞에는 커다란 광고 전광판이 있다. 1년 광고비가 400만 파운드에 달한다. 61억 원 규모다. 여기에 우리 기업인 삼성전자, 현대자동차 광고가 24시간 돌아간다. 현대자동차 모델인 BTS가 나오기도 한다. 이를 보고 있으면 뿌듯하다. 길을 가다가 태극기가 걸려 있으면 괜스레 한 번 더 쳐다보게 된다. BBC나 CNN에 한국 소식이라도 나오면 한 번 더 정독한다.

손흥민도 한국을 사랑한다. 경기장에 태극기를 들고 있는 팬이 있으면 경기가 끝난 뒤 종종 달려가 유니폼을 선물로 건네곤 한다. 저서《축구를 하며 생각한 것들》에서 태극기를 들고 있는 팬이 선물을 받을 확률이 높다고 직접 언급하기도 했다. 손흥민은 17세부터 유럽에서 살았다. 인생의 반 가까이를 머나먼 타국에서 생활했다. 그러다 보니 나라 사랑이 더욱 클 수밖에 없다. 이런 손흥민에게 아찔한 사건이 발생했다. 바로 '인천공항 항명' 사건이었다.

들불로 번진 작은 불씨 하나

2011년 10월 12일 인천공항 출국장으로 향했다. 전날 수원 월드컵경기장에서는 2014년 브라질 월드컵 아시아 지역 3차 예선 경기가 열렸다. 10월 A매치의 일환이었다. 다음 날 주요 유럽파 선수들의 출국이 예정되어 있었다. 손흥민도 이들 중 하나였다.

출국장. 저 멀리 손흥민과 아버지 손웅정 감독이 보였다. 손흥민은 팬들에게 사인을 해주고 있었다. 손웅정 감독의 표정이 좋지 않아 보였다. 손웅정 감독에게 인사를 했다. 이야기를 나눴다. 손웅정 감독은 전날 손흥민의 출전 시간을 아쉬워했다. 평소에도 손웅정 감독은 아들의 차출에 대해 부정적인 입장을 보여주곤 했다. 그런데 이날은 그 분노가 꽤 많이 차오른 상태였다. 그럴 수 있었다. 손흥민은 폴란드와의 A매치에서 45분을 뛰었다. 이어진 UAE와의 경기에서는 후반 28분 교체로 들어가 17분을 뛰는 데 그쳤다. 아쉬움이 클 수밖에 없었다.

여기서 오해는 없기를. 손웅정 감독이 아쉬워한 것은 손흥민의 짧은 출전 시간이 아니었다. 대표팀의 부름은 언제든지 감사하게 생각하고 있었다. 다만 대표팀에서 15분여를 뛰기 위해 독일에서 왔다 갔다 하는 시간과 노력이 너무 컸다. 함부르크에서 비행기를 타고 다른 공항을 경유해서 한국으로 온다. 경기에서 15분 남짓을 뛰고 다시 비행기를 타고 경유해서 함부르크로 돌아간다. 왕복 1만 6,000킬로미터, 30시간이 걸리는 장거리 이동. 어린 손흥민에게는 부담이 클 수밖에 없었다. 대표팀에 부르는 대신 소속팀에 적응할 수 있게 배려해줬으면 하는 바람이었다.

손흥민은 직전 시즌인 2010~2011시즌 천당과 지옥을 오

갔다. 첼시와의 프리 시즌 골과 쾰른전 멋진 데뷔골로 주가
를 높였다. 조광래 감독이 이끄는 A대표팀에 발탁되면서 아
시안컵에도 출전했다. 그런데 아시안컵에 다녀온 후 밸런스
가 무너졌다. 체중이 불었고 스피드도 줄었다. 골도 떨어졌
다. 시즌이 끝나고 여름 특훈을 통해 겨우 몸 밸런스를 되찾
았다.

  2011~2012시즌 손흥민은 다시 예전 폼을 되찾는 중이었
다. 헤르타 베를린전에서 골을 넣었다. 쾰른과의 홈경기에서
는 1골 1도움을 기록했다. 공격 포인트를 통해 자신감을 조
금씩 되찾았다. 그런 시기에 대표팀에 불려 와서 15분만 뛰
고 다시 돌아가게 되니 아쉬움이 클 수밖에 없었다. 손웅정
감독 입장에서 손흥민은 아직 어린 아들이었다. 아시안컵 이
후 '대표팀 물'을 먹은 손흥민이 또 '헛바람(?)'이 들까 염려
스러울 수밖에 없었다.

  손웅정 감독은 내게 박태하 대표팀 코치의 연락처를 달라
고 부탁했다. 망설여졌다. 출국장 주변에는 꽤 많은 미디어
들이 모여 있었다. 모두 손웅정 감독을 지켜보고 있었다. 보
는 눈이 많으니 그만하시는 것이 어떤지 물었다. 손웅정 감
독은 단호했다. 어쩔 수 없이 박 코치의 전화번호를 전달했

다. 통화 버튼을 누르고 통화가 시작됐다. 손웅정 감독은 단호하게 자신의 뜻을 전달했다. 목소리가 커지자 다른 미디어들도 몰려들었다. 카메라로 모두 손웅정 감독을 찍고 있었다. 일은 커져만 갔다.

통화가 끝났다. 취재진들은 손웅정 감독을 계속 주시했다. 무슨 일이냐고 묻는 취재진들이 많았다. 손웅정 감독에게 인터뷰를 요청하고 있었다. 이미 일이 커진 상황이었다. 손웅정 감독에게 내 생각을 전달했다.

> "감독님, 차라리 정확하게 말씀을 하시는 것이 나을 것 같습니다. 여기서 그냥 들어가시면 오히려 억측들이 나올 수 있을 것 같아요. 아예 확실하게 말씀을 하시면 다른 억측들이 안 나올 것 같아요."

이미 손웅정 감독이 박태하 코치와 '강한 통화'를 하는 것이 전국 언론사의 카메라에 찍혔다. 해명 없이 출국하면 말이 보태져 억측이 돌 수밖에 없다. 그저 아들과 아들의 축구 인생을 사랑할 뿐인 손웅정 감독의 진심이 왜곡될 수 있다. 차라리 손 감독이 직접 생각을 전달하는 편이 낫겠다 싶어 이같이 이야기를 전했다. 결과적으로 오판이었다.

손웅정 감독은 카메라에 섰다. 다소 누그러진 모습이었다. 최대한 순화해 말을 해 나갔다.

"아직 흥민이의 몸 상태나 실력이 대표팀에서 즉시 전력으로 나설 수준이 아닙니다. 소속팀에 적응도 못하고 있고 몸 상태도 완전하지 않습니다. 무리해서 대표팀에 오가기 어려운 상황입니다. 소속팀에서 확고하게 주전으로 자리 잡고 대표팀에서도 풀타임을 뛰면서 기여할 수 있을 정도가 됐을 때 합류했으면 좋겠습니다."

조심스럽게 이야기를 보탰다.

"물론 대표팀 감독과 코치진들이 결정하실 사항입니다. 다만 대표팀에서 흥민이에게 시간적인 여유를 줬으면 합니다. 어떤 불이익도 감수할 수 있습니다. 아들의 선수 인생이 걸린 문제라 다소 강하게 말씀드린 것을 양해해주세요."

인터뷰를 마치고 손웅정 감독은 손흥민과 출국장 안으로 들어갔다. 미디어들은 앞 다퉈 기사를 송고했다. 파문이 크게 일었다.

A대표팀 차출에 대한 불만은 예전부터 있어 왔다. 비단 손흥정 감독만이 아니었다. 대표팀에 차출되었지만 출전 시간이 적거나 뛰지 못하게 되면 뒤에서 불만을 표출하는 경우가 많았다. 다만 이렇게 공개적으로 의견을 표현한 손 감독에 대중들은 충격을 받은 모양새였다. 비난이 일었고 관련 기사에 많은 악플이 달렸다.

조광래 감독은 분위기 봉합을 위해 애썼다. 그는 "아버지가 아들을 걱정하고 위하는 마음을 잘 알겠다"고 언론을 통해 말했다. 이어 "손흥민은 좋은 선수다. 카타르 아시안컵 이후 정말 크게 성장했다. 앞으로도 기대가 큰 선수"라며 칭찬도 아끼지 않았다. 손흥민에게도 개인적으로 연락했던 것으로 알고 있다.

분위기는 시간이 지나면서 어느 정도 봉합됐다. 조광래 대표팀 감독은 11월 A매치에서 손흥민을 선발했다. UAE, 레바논 원정이었다. 손흥민은 UAE전에서 후반전 45분을 뛰었다. 레바논전에서는 처음으로 선발 출전했다. 그러나 경기력에 아쉬움을 남겼다. 레바논 원정에서 조광래호는 졌다. 조광래 감독은 경질됐다. 최강희 감독이 소방수로 투입됐다.

'준'비하며 '버'틴 자가 기회를 얻는다

손흥민은 한동안 A대표팀에 소집되지 않았다. 소속팀에서
도 위기를 맞이했다. 함부르크가 강등권에 봉착했다. 토르스
텐 핑크 감독이 새로 부임했다. 위기의 팀에 부임한 감독들
의 특징이 있다. 흔들림이 적은 베테랑들을 적극 기용한다.
최강희 대표팀 감독도, 핑크 함부르크 감독도 마찬가지였다.
손흥민은 위축되어 있었고, 어린 나이였기에 플레이에 영향
을 받지 않을 수 없었다. 그러다 보니 감독들도 위축된 손흥
민보다는 베테랑들을 기용했다.

　손흥민은 2011년 11월부터 어려운 시간을 보냈다. 소속팀
출전 시간이 크게 줄어들었다. 이에 대표팀도 손흥민을 외면
했다. 2012년 3월 A매치에 손흥민을 부르지 않았다. 2012년
6월 A매치에는 이름을 올렸지만 주전이 아니었다. 무엇보다
도 2012년 런던 올림픽 대표팀에 선발되지 못했다. 손흥민
정도의 실력이면 충분히 선발을 고려해볼 만했음에도 홍명
보 감독은 손흥민을 외면했다. 사심은 없었을 것이다. 홍 감
독의 구상과 전술에 맞지 않았을 뿐이다. 하지만 이를 인천
공항 항명 사태로 인한 괘씸죄라고 보는 시선이 많았다.

그때 손흥민은 버텼다. 분명 기회가 올 거라 생각하고 준비했다. 기회가 왔을 때 그 기회를 놓치면 안 된다고 다짐했다. 그래서 훈련하고 또 훈련했다. 매 경기 10분 남짓 뛰었지만 실망하지 않았다. 그 10분 동안의 경기라도 복기하고 또 복기했다. 고칠 점, 발전시킬 점들을 찾아냈다. 훈련 중에 조금씩 발전하는 모습을 보여줬다.

암흑기는 생각보다 길었다. 5개월 동안 깜깜한 곳에 있었다. 지칠 법도 했다. 그래도 손흥민은 참고 기다렸다. 지치고 포기하고 싶을 때마다 자신을 다잡았다. 이 과정도 거쳐야 하는 과정이라고 생각했다. 고난을 겪은 후 강해져 있을 자신을 상상하며 훈련에 임했다.

유럽 프로 축구계는 치열하다. 손흥민과 비슷한 나이대, 비슷한 처지에 놓인 선수들은 구단마다 있었다. 독일 분데스리가 구단은 18개다. 각 구단에 1명씩만 있다고 하더라도 벌써 18명이다. 수많은 19세 공격수들이 손흥민과 같은 꿈을 꾸면서 기량을 쌓아올리고 있었다. 때문에 손흥민은 한시도 허투루 보낼 수 없었다. 조금만 삐끗하면 주류에서 벗어날 수 있었다.

흔히 '존버'라고 한다. '존중하며 버티다', '존재하기 위해 버티다' 등 여러 의미로 쓰인다. 손흥민의 '존버'는 존재의 이유를 찾기 위한 버티기였다. 쉬운 일은 아니었다. 하지만 자신의 운명을 한 치 앞도 예견할 수 없는 상황에서 손흥민은 자신에게 주어진 과제들을 하나씩 하나씩 하면서 버텼다. 언젠가 주어질 딱 한 번의 기회를 잡기 위해서였다.

드디어 기회가 왔다. 2012년 4월 14일 하노버전에서 선발 출전했다. 4개월 만이었다. 손흥민은 결승골을 넣었다. 함부르크는 1-0으로 승리했다. 132일 만의 골이었다. 이어진 뉘른베르크 원정에서도 골을 넣었다. 1-1로 비겼다. 함부르크는 강등권에서 벗어났다. 손흥민은 잔류를 확정했다.

최강희 감독도 다시 손흥민을 불렀다. 5월과 6월 A매치 기간 손흥민은 대표팀에 복귀했다. 아직 대표팀 내 유망주이기에 출전 시간이 길지는 않았다. 그러나 대표팀 복귀 그 자체만으로도 의미가 컸다. 인천공항 항명 사태로부터 시작한 위기의 시즌은 그렇게 끝났다.

P.S. 개인적으로 기자 생활에서 가장 마음에 걸리는 부분이 바로 인천공항 항명 사태였다. 지금도 생각하곤 한다. 그때 손웅정 감독에게 박태하 코치의 전화번호를 주지 않았더라면 어땠을까. 손흥민 선수나 손웅정 감독이 어려운 시간을

보내지 않지 않았을까.

그때의 경험으로 인해 지금도 가지고 있는 나만의 철칙이 생겼다. 현장에 개입하지 않고 기자로서 있는 상황을 그대로 보도하는 것이다. 아무리 선의라 하더라도 그 결과와 파장을 책임질 수 없기 때문에.

당시 손흥민 선수 그리고 손웅정 감독에게 미안했다는 말을 드리고 싶다. 괜한 오지랖으로 일을 크게 만든 것 같아 너무나 죄송하다.

4장

함께 더 멀리
가는 법

홀로 서되
혼자 있지 마라

'엔개 국어' 능력자의 비밀

25년 전 고등학생 때였다. 쉬는 시간 복도에서 친구와 마주치면 괜히 눈짓을 주고받았다. 그리고 손을 마주 잡았다. 친구들마다 손을 맞잡는 패턴은 모두 달랐다. 한바탕 푸닥거리하듯 손짓과 몸짓을 나눈 뒤 서로 환하게 웃었다. 20년 전 군복무 시절. 미군부대에서 근무해 친한 미군들이 많았다. 나는 팀 리더였다. 우리 팀만의 '핸드셰이크'를 만들었다. 모일 때마다 핸드셰이크로 전우애를 나눴다.

청소년기와 청년기 남자들의 세계에서 '손'은 특별한 의미를 지닌다. 서로의 손을 맞잡는 행위로 친밀감과 유대감을 확인한다. 이는 악수의 유래와도 맞닿아 있다. 중세 시대 기사들이 서로 만났을 때, 싸울 의사가 없다는 것을 보여주기 위해 오른손을 내밀어 잡았다. 손에 무기가 없다는 것을 증명하기 위해서였다.

청소년기 또래 집단에서는 악수 하나에 필요 이상의 의미를 부여하곤 한다. 악수한다는 것은 악수한 상대와 내가 동등한 관계라는 의미다. 반대로 악수를 못하는 관계는 평등한 관계가 아니라는 뜻을 내포한다. 특히 남자 중학생들 사이에서 악수의 의미는 크다. 남자 중학교는 일종의 약육강식 메커니즘이 지배하고 있다(지금은 모르지만 내가 중학교를 다녔던 30년 전에는 그랬다). 반에서 '잘나가는(aka. 잘 치는)' 녀석과 스스럼없이 악수를 하면 나도 그 녀석과 같은 반열에 올라선 느낌이 들었다.

악수는 단순히 손을 맞잡는 데서 그치지 않았다. 좀 더 화려해지고 다양한 움직임이 덧붙여졌다. 악수가 발전해 '핸드셰이크'가 되는 과정이었다. 핸드셰이크 대상마다 그 움직임이 달랐다. 외우기 힘들 만큼 동작이 화려한 핸드셰이크를 하는 상대와는 우정이 깊음을 의미했다. 핸드셰이크를 통해 또래 집단의 동질감을 극도로 끌어올리고 팀워크를 공고히 했다.

핸드셰이크 빈도와 팀 성적의 상관관계

손흥민의 '손'도 핫했다. 2016~2017시즌 손흥민의 핸드셰이크가 주목을 받았다. 자신이 골을 넣거나 동료가 골을 넣은 뒤, 또는 경기에서 승리한 뒤 선수들과 나누는 핸드셰이크가 화제가 됐다. 단순히 손만 맞잡는 것이 아니다. 여러 가지 동작을 곁들인다. 상대에 따라 다양한 동작들을 구사한다. 핸드셰이크는 유럽과 북미에서는 보편화된 문화다. 손흥민은 카일 워커, 해리 케인, 무사 뎀벨레, 델리 알리 등 많은 선수들과 핸드셰이크로 우정을 과시했다.

동료 선수들의 반응도 좋았다. 토트넘에서 손흥민과 함께 뛰었던 키어런 트리피어의 인터뷰 중 손흥민의 핸드셰이크에 대한 이야기가 있다.

> "손흥민은 팀 내 모든 선수와 각각의 핸드셰이크를 만들었어요. 다 기억하지는 못하지만 선수 10명이 있으면 핸드셰이크가 10개 있어요. 대단해요."

또 다른 선수의 증언도 있다. 2019년 10월이었다. 토트넘의 의류 스폰서인 휴고 보스 행사장에 델리 알리와 해리 윙크스가 참석했다. 여러 이야기를 나눴다. 사회자는 갑자기 손흥민의 핸드셰이크에 대해 질문했다.

> "보통 사람들도 핸드셰이크 한두 개는 가지고 있잖아요. 그런데 쏘니는 모든 선수와 핸드셰이크를 가지고 있어요."(델리 알리)

> "맞아요. 엄청 인상적이에요. 매일 아침 모든 선수와 다른 핸드셰이크를 해요. A매치를 다녀온 뒤에도 동작을 모두 기억하고 있더라고요."(해리 윙크스)

손흥민이 전혀 참석하지 않았던 행사였다. 그럼에도 손흥민의 핸드셰이크와 관련된 질문이 나오고 선수들이 답했다. 손흥민의 핸드셰이크가 팀에 큰 영향력을 끼치고 있다는 증거였다.

손흥민을 직접 만나 핸드셰이크에 대해 물어봤다. 2017년 4월 중순의 어느 날이었다.

> "손흥민 선수의 핸드셰이크에 관심들이 많더라고요. 핸

드세이크를 하게 된 이유가 뭐예요?"

"팀 동료 선수들과의 핸드셰이크는 그만큼 서로 친하게 지낸다는 것을 보여주는 거 같아요. 선수들끼리 핸드셰이크에 대한 아이디어를 많이 나누어요. 그렇게 생각을 나누고 맞추면서 서로를 알아가는 거예요."

'생각을 나누고 맞추며 서로를 알아간다'는 말에 핸드셰이크의 핵심이 담겨 있었다. 손흥민에게 핸드셰이크는 소통의 도구였다. 손흥민은 토트넘에 오고 첫 시즌이 힘들었다. 주전 자리에서 밀렸다. 경기에 관여할 수 없었다. 이적 직전까지 갔다. 2016~2017시즌 가까스로 토트넘에 잔류했다. 선수들과 더욱 친밀해져야 했다.

프리미어리그 클럽은 뭔가 근엄해 보인다. 그러나 실체는 10대 후반부터 30대 중반 남자들을 모아놓은 집단이다. 남자들이 모이면 '아이' 같아진다. 훈련과 경기를 할 때는 진지하지만 평소에는 그냥 '철없는 애들'이다. 이런 집단에서는 서로 몸으로 부대끼면서 친해지는 것이 최고다. 어떻게 아느냐고. 초등학교, 중학교, 고등학교, 군대에서 경험해봐서 잘 안다.

손흥민은 핸드셰이크를 선택했다. 몸으로 부대끼는 방법

에 이만한 것이 없었다. 핸드셰이크 상대마다 각각 다른 동작을 하는 이유가 있다. 둘만의 특별함을 공유할 수 있기 때문이다. 그래서 더욱 다양한 핸드셰이크를 만들었다.

핸드셰이크를 나누기 시작할 즈음부터 손흥민의 성적이 좋아졌다. 토트넘의 성적도 덩달아 상승했다. 2015~2016시즌 8골을 넣었던 손흥민은 2016~2017시즌 21골을 넣었다. 그다음 시즌에는 18골을 기록했다. 2018~2019시즌에는 20골을 넣었다. 토트넘 선수들은 손흥민에게 양질의 패스를 뿌렸다. 손흥민은 이를 잘 받아 골로 연결했다. 평소 꾸준한 '스킨십'으로 선수들과 친해졌기 때문에 경기 중 협력 플레이가 원활하게 이뤄질 수 있었다.

토트넘의 리그 성적도 2016~2017시즌부터 2018~2019시즌까지 각각 리그 2위, 3위, 4위를 유지했다. 2018~2019시즌에는 유럽챔피언스리그 준우승의 업적을 달성하기도 했다. 손흥민을 축으로 선수들의 분위기가 좋아졌기에 가능한 일이었다. 거기에는 손흥민표 핸드셰이크가 있었다.

핸드셰이크는 변화했다. 팀 동료들 구성에 변화가 생기면서 핸드셰이크의 빈도는 줄어들었다. 함께 '핸드셰이크 연구회'를 구축했던 델리 알리도 팀을 떠나 에버턴으로 이적했다. 무사 시소코도 프랑스로 돌아갔다. 해리 케인은 그사이 딸 둘과 아들 하나를 낳으며 어엿한 아버지가 됐다. 손흥민도 서른 줄을 넘기면서 조금은 진중해졌다.

그래도 손흥민의 스킨십은 여전하다. 훈련을 하면서도 손흥민은 선수들에게 먼저 다가가 장난을 건다. 머리를 때리기도 하고 툭툭 치기도 한다. 선수들도 알고 있다. 손흥민의 장난은 친근감의 표시라는 것을. 새로 영입된 선수들이 있으면 손흥민이 항상 그 곁에 있다. 즉 다가가서 장난도 치고 웃으면서 토트넘 생활에 잘 적응하게끔 도와주곤 한다. 심지어 조제 모리뉴, 안토니오 콘테 같은 월드클래스 감독과도 장난을 치면서 화기애애한 분위기를 연출한다. 팀워크를 다지고 분위기를 살리기 위한 손흥민의 스킨십은 계속 이어질 것이다.

외국어 능력은 소통 위한 수단일 뿐

손흥민이 팀에 잘 적응하고 영향력을 행사할 수 있게 한 또 다른 무기는 '외국어'다. 현재 만으로 30세(2022년 10월 기준)인 손흥민은 자기 인생의 절반 가까이를 유럽에서 살았다.

독일과 영국에서 각각 반 정도 살았다. 외국 생활의 핵심은 그 나라의 언어다. 특히 의사소통이 필수인 축구에서 그 나라 언어를 못하면 여러 가지로 골치가 아파진다.

손흥민은 외국어를 금방 배웠다. 보통 한국인은 잘 모르는 외국어로 말할 때 두려움을 느낀다. 완벽한 문법과 발음, 억양을 구사해야 한다고 생각하기 때문이다. 틀리게 말해서 쪽팔리느니 아예 입을 닫고 말하지 않는 편을 택하곤 한다. 하지만 손흥민은 잘해야 한다는 부담감 없이 그냥 들이댔다. 문법과 발음을 잘 몰라도 상관없었다. 대신 내가 이 나라 말을 배워서 당신들과 친해지고 싶다는 의지를 내비쳤다. 생각해보자. 외국인이 한국에 일을 하러 왔다. 아무 말도 안 하고 뚱하니 앉아서 제 일만 하는 사람이 있다. 반면 엉터리라도 한국말을 떠듬떠듬하고, 발전시키려고 노력하는 사람이 있다. 당신이라면 누구에게 정이 더 가겠는가.

17세 손흥민은 독일에서 학교 공부를 하면서 여러 단어들을 배웠다. 무슨 뜻인지도 정확히 모른 채 구단에 가서 배운 단어들을 쓰고 다녔다. 아마 장난으로 비속어를 가르쳐주는 동료들도 있었을 것이다. 그래도 괜찮았다. 뜻이 맞든 틀리든 계속 말을 내뱉으며 빠르게 독일어를 흡수한 손흥민은 팀에 더 빨리 적응해 나갔다.

영국에 왔을 때도 마찬가지였다. 당시 손흥민은 영어를 곧잘 했지만 지금보다는 약했다. 영국식 영어가 아닌 독일어 억양이 듬뿍 들어간 영어를 구사했다. 하지만 소통하는 데에는 아무런 문제가 없었다. 외국어 공부에서 발음과 억양을 완벽히 구사하는 것은 그다지 중요하지 않다. 더 중요한 것은 그 나라에서 함께 소통하며 살아가겠다는 의지와 자신감이다.

손흥민은 이를 잘 알고 있었다. 맞든 틀리든 되는대로 발음했고 자신의 뜻을 상대에게 온전히 전달하고 소통하는 데에만 집중했다. 어차피 손흥민이 토트넘에서 만난 감독들 중 영국인은 한명도 없었다. 포체티노 감독(아르헨티나)은 기자회견에서 배터리를 '바떼리'라고 발음한다. 모리뉴 감독(포르투갈) 역시 스페인과 포르투갈식 영어를 사용한다. 서로 뜻만 통하면 되는 거다.

수단과 목적을 혼동할 때 벌어지는 참사

아, 영어에 대한 이야기가 나오니 한 가지 사족을 붙여야겠다. 예전 이야기다. 2007년 7월 18일 대한민국 서울 장충동 신라호텔 다이너스티홀. 맨유 방한 경기 기자회견이 열렸다. FC 서울과의 프리 시즌 경기를 앞두고서였다. 수많은 취재 진이 몰려들었다. 열띤 질문과 답이 오갔다.

통역이 문제였다. 당시 통역자는 영어를 네이티브 스피커 수준으로 하는 사람이었다. 문제는 '미국 영어'에만 능통한 그 통역자가 알렉스 퍼거슨 감독의 말을 전혀 알아듣지 못했 다는 것이다. 퍼거슨 감독은 스코틀랜드 출신이다. 말할 때 스코틀랜드 억양이 물씬 풍긴다. 미국 영어에 심취한 이 통 역자는 퍼거슨 감독의 말을 알아들으려는 노력 없이 엉터리 로 통역했다. 퍼거슨 감독이 길게 이야기해도 통역자는 짧게 통역했다. 기자들도 영어는 얼추 알아듣는다. 통역 내용이 성에 찰 리 없었다. 통역에 축구 관련 용어도 반영하지 않았 다. 기자들이 항의했다. 주최 측은 사과하며 급하게 통역을 바꿨다. 그런데 바뀐 통역자도 대단(?)했다. 처음부터 큰 실 수를 했다. 퍼거슨 감독에게 "헤이! 알렉스"라며 친한 척 했 다. 다들 뜨악해했다. 퍼거슨 감독은 작위를 받은 '서(Sir) 퍼 거슨'이다. 보통 이름을 부르더라도 앞에 '서(Sir)'를 붙이곤 한다. 그런 퍼거슨 감독에게 이런 무례라니. 알렉스 퍼거슨 경이 아닌 알렉스 로드리게스(미국 유명 야구 선수)한테 말하는 듯했다.

이 사태는 두고두고 회자됐다. '소통 의지'가 빠진 외국어 능력이 부른 참사였다. 이후 축구 관련 혹은 스포츠 관련 행사 통역은 조금 더 신중하게 골랐다는 후문을 들었다.

다시 본론으로 돌아오자. 핸드셰이크와 보디랭귀지, 독일어와 영어. 손흥민에게 이것들은 동료와 소통하고 팀워크를 강화하기 위한 수단일 뿐이었다. 그래서 문법이나 발음, 억양 등 거추장스러운 껍데기는 버리고 외국어 공부의 본질, 즉 소통을 잘하는 데에만 집중했다. 우리에게 시사하는 바가 크다. 어떤 일이든 수단과 목적을 혼동하면 정작 핵심을 놓치게 된다. 예를 들어 보고서를 작성할 때 폰트 크기, 자간 간격, 예쁜 디자인 등에 집착하면 정작 핵심인 보고해야 할 내용을 놓칠 가능성이 크다. 목적을 명확히 하고 핵심에 집중하자. 그 외 모든 것은 목적을 이루는 데 쓰이는 도구일 뿐이다.

내 50을 덜어
함께 100을 채우는 콤비

✳

2022년 10월 13일 오후 6시 48분. 지금 이 글을 쓰고 있는 현 시각. 손흥민의 인스타그램에 들어갔다. 팔로워는 총 791만 7,486명이다. 아마 책이 출간될 때 즈음이면 잘하면 800만이 넘지 않을까 싶다. 동시간 내 인스타그램 팔로워는 8,470명이다. 이 자리를 빌려 나를 팔로우해주시는 분들께 감사드린다.

손흥민이 팔로우하고 있는 사람은 모두 몇 명일까. 204명이다. 어떤 사람들일까. 우선 한국 축구 선수 및 관계자들이 있다. 이동국을 비롯해 이재성, 이근호, 지동원, 염기훈, 차두

리, 기성용, 황희찬, 황인범, 황의조, 이승우, 이강인, 김민재 등이다. 대한축구협회 공식 계정과 FIFA 월드컵 계정도 팔로우한다. 안토니오 콘테 감독, 조제 모리뉴 감독, 해리 케인, 데얀 클루세프스키, 조 로든, 가레스 베일 등 토트넘 관계자도 있다. 데이비드 베컴, 크리스티아누 호날두 등 유럽 축구계를 호령하는 선수도 팔로우하고 있다. 아디다스 등 스폰서도 있다. 여기에 스파이더맨으로 열연을 펼치고 있는 톰 홀랜드, 이혜영 스타일리스트, 배우 박서준, 가수 윤하 등이 있다.

팔로우 명단 중 유독 한 명 눈에 띄는 사람이 있다. 영국 여성으로 아기 엄마이기도 하다. 그는 바로 케이티 굿랜드, 해리 케인의 아내다. 손흥민이 굿랜드와 팔로우를 맺고 있는 이유는 당연히 케인 때문이다. 동료의 가족까지 팔로우할 정도로 케인과 손흥민의 관계는 끈끈하다.

나와 같은 목표를 가진 동료와 함께

2022년 10월 13일 기준 각종 대회에서 손흥민과 케인이 합작해 뽑아낸 골은 50골이다. 26골은 손흥민 도움 케인 득점, 나머지 24골은 케인 도움 손흥민 득점이다. 잉글랜드 축구사상 최다 합작골을 만들어냈다. 전생에 부부관계였다는 우스갯소리가 나돌 정도다. 국내에서는 '손-케 듀오'라고 부른다. 영국에서는 '케인 앤 손 콤비네이션'이라고 표현한다. 둘의 조합은 프리미어리그의 리빙 레전드, 즉 현재 진행 중인 전설이다.

케인은 우여곡절이 많은 선수였다. 토트넘 홋스퍼 유소년 시절엔 특출 나지 않았다. 토트넘의 라이벌 아스널에 입단했다가 방출되기도 했다. 토트넘에 들어간 후 프로 계약을 했다. 3부 리그와 2부 리그에서 임대 생활을 했다. 그리고 2013년 토트넘으로 돌아왔다. 하지만 2013~2014시즌 로베르토 솔다도, 엠마누엘 아데바요르, 저메인 데포에게 밀려 주전이 되지 못했다.

2014~2015시즌 포체티노 감독이 들어오면서 케인은 빛을 발했다. 아데바요르, 솔다도의 기량이 급속도로 떨어졌다. 케인이 이들을 대체했다. 11월부터 토트넘의 주전 원톱으로 자리매김했다. 21세의 케인은 그 시즌 리그에서 21골 등 총 31골을 넣었다. 포체티노 감독은 케인을 중심으로 빠르게 팀을 재정비했다. 2015~2016시즌 아데바요르, 솔다도, 레넌 등을 내보냈다. 그리고 손흥민을 레버쿠젠에서 데려왔다. 손흥

민과 케인의 인연은 이때 시작됐다.

    손흥민과 케인이 처음부터 잘 맞아떨어진 것은 아니었다. 2015~2016시즌 손흥민은 부진했다. 2016~2017, 즉 손흥민의 두 번째 시즌부터 둘은 호흡을 맞춰 나갔다. 손흥민은 스토크시티전에서 2골 1도움을 기록했다. 가능성이 보였다. 하지만 이 경기에서 손흥민과 케인의 운명이 엇갈렸다. 케인이 경기 후반 발목을 다치면서 팀에서 잠시 떠나게 된 것이다. 손흥민은 케인을 대신해 원톱으로 나섰다. 손흥민은 미들즈브러전에서 2골을 넣었다. 이어 챔피언스리그 CSKA 모스크바 원정 경기에서 1골을 넣었다. 이어진 맨시티전에서 1도움을 기록했다. 케인이 없는 사이 손흥민은 펄펄 날았고, 팀 내 주전 자리를 확고히 했다. 토트넘 손흥민의 활약은 모두 케인의 부재에서 시작되었다. 지금 손-케 듀오의 시대에서 본다면 아이러니할 수밖에 없다.

    손흥민이 제 궤도를 찾자 함께할 동료들이 등장했다. 델리 알리와 크리스티안 에릭센이다. 델리는 손흥민보다 한 시즌 전인 2014~2015 밀튼 케인스에서 토트넘으로 이적했다. 에릭센은 그 한 시즌 전인 2013~2014 아약스에서 토트넘으로 왔다. 둘 다 미드필더다. 손흥민과 케인, 델리와 에릭센은 팀의 주축으로 자리매김했다. DESK 라인의 탄생이었다. 토트넘은 DESK 라인을 주축 삼아 전성기를 열었다. 하지만 2019~2020시즌부터 DESK 라인은 흔들렸다. 포체티노 감독이 2019년 11월 경질됐다. DESK 라인의 두뇌와 창의성을 담당하던 에릭센이 2020년 1월 이적했다. 델리는 전력 외 판정을 받고 2021년 1월 에버턴으로 이적했다. DESK 라인은 해체됐다.

토트넘은 손흥민과 케인의 듀오 체제로 전환했다. 경쟁에서 살아남기 위해 서로의 강점을 합쳤다. 팀 동료들 역시 손-케 듀오를 적극 지원했다. 2020~2021시즌 케인이 리그 23골을 넣으며 골든부트를 탔다. 2021~2022시즌에는 손흥민이 리그 23골로 골든부트의 주인공이 됐다. 토트넘은 4위를 차지하며 챔피언스리그에 복귀했다.

플레이스타일상 손흥민과 케인은 서로 보완해줄 수 있다. 케인은 팔방미인이다. 축구 등번호상 6번부터 10번까지 모두 할 수 있는 선수다. 6~8번은 중앙 미드필더의 고유 번호다. 케인은 경기 중 허리 진영으로 내려와 볼을 잡고, 패스로 볼을 뿌려준다. 9번은 최전방 스트라이커의 번호다. 피니시 능력을 따졌을 때 케인은 최고의 골잡이다. 10번은 '에이스'

다. 공격형 미드필더와 스트라이커를 모두 할 수 있는, 동시에 팀을 이끌어 나갈 수 있는 선수들이다. 케인 그 자체다.

이런 케인도 약점이 있다. 스피드다. 빠르지 않다. 케인은 측면에 서지 못한다. 손흥민이 이를 보완해준다. 빠른 스피드로 토트넘 공격에 힘을 보탠다. 동시에 손흥민은 호시탐탐 수비수들 뒷공간을 노린다. 계속 스프린트하면서 뒷공간을 넘나든다. 상대팀 수비수들에게는 큰 부담이다. 손흥민과 일대일로 스프린트 대결을 펼치면 이길 자신이 없다. 이 때문에 손흥민을 막기 위해서라도 수비 라인을 뒤쪽으로 내릴 수밖에 없다. 그러면 수비수들과 미드필더 사이에 공간이 더 커진다. 이 공간 속에서 케인은 조금이나마 압박을 덜 받고 경기를 펼칠 수 있다. 손흥민 역시 뒷공간으로 뛰어갈 때 케인의 패스를 기대할 수 있다. 서로를 보완해주는 최고의 콤비가 된 것이다. 손흥민도 자주 이렇게 말해왔다.

"H(손흥민이 인터뷰상 케인을 부를 때 자주 쓰는 별명)는 제가 무엇을 잘하는지 알고 있어요. 저 역시 H가 무엇을 잘하고 좋아하는지 알고 있어요. 우리 사이에 어떤 특별한 것은 없습니다. 그저 서로를 잘 알고 있을 뿐입니다."

손흥민과 케인의 손-케 듀오가 큰 잡음 없이 이어지고 있는 것은 서로에 대한 배려 때문이다. 자신의 욕심만 차리지 않는다. 특히 한 살 형인 손흥민이 케인을 많이 배려한다. 케인과의 관계나 호흡에 대한 질문이 나오면 케인 덕분에 자신도 맹활약하고 있다며 케인에게 공을 돌린다. 케인도 손흥민을 존중한다. 2022년 9월 17일 토트넘과 레스터시티의 경기에서 손흥민이 교체로 들어가 해트트릭을 했다. 경기 후 케인은 취재진과의 인터뷰를 고사하며 "오늘은 손흥민의 날이다. 그와 대화를 하는 것이 좋을 것"이라고 했다.

혼자 가면 빨리 간다. 하지만 함께 가면 오래간다. 손흥민과 케인은 함께 가고 있다. 2015~2016시즌 이후 8시즌째 호흡을 맞추고 있다(2022년 10월 기준). 그간 많은 일들이 있었고 많은 이들이 팀을 떠나갔다. 그래도 손-케 듀오는 여기까지 왔다. 둘은 서로에게 가장 든든한 조력자이자 소울 메이트다.

마음을 얻지 못하면
이길 수 없다

현대 프로 스포츠는 산업이다. 많은 돈이 모인다. 특히 잉글랜드 프리미어리그에 많은 돈이 쇄도한다. 프리미어리그의 올 시즌 매출은 지난 시즌에 비해 10퍼센트 증가해 60억 파운드, 약 9조 5,370억 원에 달할 전망이다.

프로 스포츠 산업 중심에는 미디어가 있다. 프리미어리그 중계권료는 영국 국내와 해외를 합쳐 한 시즌당 약 28억 파운드, 약 4조 5,000억 원이다. 방송사와 각종 미디어들이 프리미어리그를 사기 위해 지불하는 돈이다. 대중의 관심이 몰리기 때문이다. 관심이 몰리는 곳에는 기업의 광고가 따라온다. 그 광고료로 미디어들은 먹고산다.

미디어는 광고 수익을 극대화하기 위해 프리미어리그의 가치를 높이는 데 집중한다. 핵심은 선수들이다. 선수들에 대한 관심을 높이는 것이 바로 프리미어리그의 가치를 높이고 자신들이 벌어들일 수 있는 수익을 높이는 길이다.

선수를 향한 대중의 부정적 관심도 미디어 입장에서는 '좋은 이슈'다. 미디어는 스타 선수에 관한 이슈 메이킹이 중요하지, 그 이슈가 긍정적인지 부정적인지에 대해서는 관심이 없다. 이런 미디어의 먹잇감이 되지 않으려면 선수들의 자주적인 이미지 관리가 필요하다. 좋은 이미지 구축은 선수 본인의 가치 상승으로 연결된다. 스타 선수들 대부분은 SNS 인플루언서다. 좋은 이미지를 구축해야 많은 광고와 후원이 붙을 수 있다. 좋은 이미지로 인기가 많은 선수는 이적을 하거나 계약을 할 때도 큰 이득을 볼 수 있다. 선수와 구단 간 계약에는 초상권에 관한 내용들도 포함된다. 가령 손흥민의 유니폼이 팔리면 그 매출의 일부가 손흥민에게도 수익으로 떨어진다.

이미지 관리는 선수의 멘털 관리에도 도움이 된다. 쉽게 말해 이미지를 관리하면 악플을 줄일 수 있다. 악플은 악플을 받는 당사자에게 스트레스를 유발한다. 제아무리 강심장이라 하더라도 스트레스를 받을 수밖에 없다. 이는 곧 경기력 저하로 이어질 가능성이 높다.

대부분의 선수는 미디어 전담팀을 두고 자신의 이미지를 관리한다. SNS도 선수 당사자가 아닌 그들의 홍보 대행사가 관리한다. 문제는 홍보 대행사에서 통제할 수 없는 필드에서의 이미지다. 아무리 SNS상에서 좋은 이미지를 만들어도 필드에서 태도가 좋지 않으면 애써 만든 이미지가 무용지물이 된다.

호날두 '소년 팬 폰 파손' 사건의 나비효과

크리스티아누 호날두의 사례를 보자. 호날두는 2022년 4월 9일 맨유 소속으로 나서 에버턴과 원정 경기 후 사고를 쳤다. 경기가 끝나고 라커룸으로 들어가면서 사인을 요청한 소년 팬의 휴대전화를 손으로 내리쳤다. 에버턴에 0-1로 진 것에 대한 화풀이였다. 해당 소년 팬은 자폐 스펙트럼을 가지고 있었다. 이 사건은 일파만파 퍼져나갔다.

호날두는 뒤늦게 SNS를 통해 사과했지만 진정성이 없었다. 비난은 더욱 거세졌다. 호날두의 이미지는 나락으로 떨어졌다. 언론들은 호날두를 잡아먹기 위해 날을 세웠다. 만약 호날두가 경기 후 믹스트존에서 기자들과 만나 이 상황에 대해 직접 해명하고 사과를 전했다면 어땠을까. 그랬다면 이야기는 많이 달라졌을 것이다. 해당 팬과 원만히 합의하고, 좋은 기사가 나갈 수도 있었을 것이다. 그러나 호날두는 그러지 못했다.

결국 호날두의 이미지는 만신창이가 됐다. NGO단체인 '세이브 더 칠드런'은 호날두의 앰배서더 자격을 박탈했다. 이미지만 나빠진 것이 아니었다. 호날두를 바라보는 팀 동료들의 시선도 싸늘해졌다. 팀 분위기를 망치는 주범으로 낙인찍혔다. 호날두는 2022년 여름 맨유를 떠나겠다고 몽니를 부렸다. 이에 동료들은 더욱 실망했다. 경기에서 팀 동료들의 도움이 줄어들었다. 2022~2023시즌 호날두는 주전에서 밀려났다. 경기 출전을 걱정해야 하는 처지가 됐다. 출전이 적으니 경기력 유지도 힘들어졌다. 어찌 보면 에버턴전에서 팬에게 했던 행동과 미흡했던 사후 대처가 나비효과가 되어 호날두의 위기를 불러온 것이다.

손흥민의 이미지는 어떨까. 인성적으로 실망스러운 모습

을 보인 적은 아직까지 없다. 미디어도 손흥민에게 호의적인 편이다. 물론 경기력이 나쁘면 손흥민도 미디어에게 공격받는다. 영국 언론은 선수의 경기력이 나쁠 때 집요하게 비판하는 경향이 있다. 2022~2023시즌 초반 골이 안 들어갔을 때 손흥민 경기력에 대한 비판 기사들이 많이 나왔다. 하지만 비판의 수위가 선을 넘지는 않았다. 인격 모독적인 기사나 파파라치성 기사, 조롱조의 기사는 거의 없었다.

만약 호날두나 다른 스타 선수들이 부진했으면 인격 모독적인 보도들이 쏟아졌을 것이다. 2006년 독일 월드컵 8강전 잉글랜드와 포르투갈의 경기. 루니는 포르투갈 수비수 히카르두 카르발류의 사타구니를 발로 밟고 레드카드를 받았다. 이 과정에서 호날두가 심판에게 다가와 맨유에서 한솥밥을 먹고 있던 루니의 퇴장을 종용했다. 루니는 호날두를 밀치며 배신당한 표정을 지었다. 루니가 라커룸으로 들어가자 호날두는 포르투갈 벤치를 향해 '윙크'를 날렸다. 다음 날 영국 언론들은 호날두를 '죽일 놈'으로 만들었다. 한 신문은 별책부록으로 호날두 사진으로 만든 과녁판을 만들어 배포했다. 다트판으로 삼으면 제격이라는 친절한 설명도 덧붙였다.

월드컵이 끝나고 호날두는 맨유로 돌아왔다. 영국 언론의 보도를 보고 충격을 받았다. 호날두는 구단에 공개적으로 이적을 요청했다. 알렉스 퍼거슨 감독과 팀 동료들의 만류가 있었다. 결국 호날두는 맨유에 남았다. 그러나 당시 영국 언론의 인격 모독성 보도는 호날두에게 큰 아픔을 안겨다주었다.

세상 모든 일은 '컬래버레이션'

이런 미디어가 왜 손흥민에게는 '덜' 공격적일까. 믹스트존에서 손흥민의 대처를 보면 잘 알 수 있다. 손흥민은 취재진에게 항상 친절하다. 경기에서 이기든 지든 상관없다. 모든 언론들의 인터뷰 요청을 기꺼이 받아준다. 자신만의 쿨다운 루틴이 있어서 늦게 나오기는 하지만, 오래 기다린 취재진의 인터뷰 요청을 거부하는 일은 거의 없다.

물론 시간이 너무 늦어 인터뷰를 할 수 없는 경우도 있다. 경기에서 맹활약을 한 날은 경기가 끝나고 중계 방송사의 플래시 인터뷰가 있다. BBC와의 인터뷰도 있다. 여기에 구단 미디어와도 인터뷰를 해야 한다. 각 해외 중계사와 인터뷰를 해야 할 때도 있다. 이후 라커룸에 들어가서 루틴대로 쿨다운을 하고 나오면 시간이 너무 늦은 경우가 종종 생긴다.

2022년 10월 12일 프랑크푸르트전이 좋은 예다. 손흥민은 2골을 넣으며 팀을 승리로 이끌었다. 많은 미디어들이 손흥민을 기다리고 있었다. 손흥민은 먼저 영국 미디어들과 인터뷰를 했다. 나는 나중에 따로 인터뷰를 하기 위해 믹스트 존 끝에서 기다리고 있었다. 내 옆에는 한 스페인 미디어가 손흥민과 인터뷰를 하기 위해 기다리고 있었다. 영국 언론과 이야기를 끝낸 손흥민이 우리 쪽으로 왔다. 스페인 미디어가 인터뷰를 요청하자 손흥민은 정말 미안한 표정을 지으며 "한국 언론과 인터뷰를 해야 해서 쉽지 않을 것 같다. 정말 미안하다"고 했다. 나를 포함한 한국 미디어와 인터뷰가 끝나고 손흥민은 다시 스페인 미디어에 다가갔다. 벌써 오후 11시 30분이 다가오는 시간이었다.

"죄송해요. 오늘 인터뷰가 많았네요. 꼭 해드리고 싶었는데 시간상 너무 늦어서요. 미안합니다."

손흥민에게 두 번의 정중한 사과를 받은 스페인 미디어는 괜찮다며 엄지를 치켜세웠다. 그리고 미디어룸으로 가면서 내게 말했다.

"He is so kind. He is a world class player but so kind!

(너무 친절하네요. 월클임에도 불구하고 친절해요!)"

괜히 내 어깨가 으쓱했다.

이런 손흥민의 태도는 프로에 대한 존중에서 나온다. 믹스트존은 취재진과 선수가 서로 일을 위해 만나는 공간이다. 이들은 이곳에서 프로 대 프로로 대화를 나눈다. 이 대화는 미디어를 통해 기사로 나간다. 손흥민은 이것이 미디어와 선수가 함께 축구의 가치를 높이는 '컬래버레이션' 작업이라고 생각한다. 그렇기에 손흥민은 책임감을 가지고 인터뷰에 최선을 다한다.

사실 선수 입장에서 매 경기 끝에 언론과 인터뷰하는 일은 결코 쉽지 않을 것이다. 기자들이 묻는 대부분의 질문은 대동소이하다. 결국 선수들도 같은 이야기를 반복할 때가 많다. 선수들 입장에서는 대답하는 대신 녹음기를 가져와서 틀어놓고 싶을 수도 있다.

그래서 인터뷰 질문이 중요하다. 나는 거의 매 경기, 홈경기와 원정 경기를 따라다닌다. 매 시즌 손흥민이 출전하는 40~50경기를 현장에서 소화한다. 그만큼 인터뷰도 해야 한다. 뻔하지 않으면서 손흥민의 흥미를 유발할 질문을 고민

또 고민하곤 한다. 잘 안 되는 경우가 많기는 하지만. 그래서 손흥민에게 참 고맙다. 뻔한 질문에도 성심성의껏 답을 해준다. 이전 답변과 비슷한 내용이더라도 일부러 다른 단어와 다른 표현을 선택해 기사에 들어갈 '꺼리'를 만들어준다. 겸손하고 남을 배려하는 손흥민의 성격이 믹스트존에서도 드러나는 것이다.

믹스트존에서 취재진을 존중하는 태도는 다른 선수들과 구별되는 손흥민의 특징이다. 케인은 인터뷰를 하지 않을 때가 더 많다. 에릭 다이어나 휴고 요리스, 피에르 에밀 호이비에르, 델리 알리, 크리스티안 에릭센 등도 그렇다. 리오넬 메시나 호날두는 믹스트존 인터뷰를 거의 하지 않는다. 정말 중요한 순간에도 일반 펜기자와 만나는 일을 잘 만들지 않는다. 기자도 사람인지라 거절당한 순간을 마음에 담아두곤 한다. 일부 기자는 기사를 통해 이에 대한 앙갚음을 하는 경우도 있다. 적어도 손흥민은 기자에게 앙갚음 당할 일은 없어 보인다.

"해브 어 굿 '손'데이"

미디어를 대하는 손흥민의 진심이 통했기 때문일까. 유명 스타 선수 출신 방송인이나 펀딧(방송 패널)들 중에도 손흥민의 '빅팬'이 많다. 몇 사람만 추려보면 다음과 같다.

"양발을 완벽하게 잘 쓰는 선수다. 그 능력을 EPL에서도 항상 보여주고 있다. 손흥민은 가장 중요한 선수가 되었다. 다양한 포지션을 소화할 수 있어서가 아니라, 그가 만들어내는 골과 결과물 때문이다."

저메인 제나스

"손흥민이 부진하면 감독은 손흥민을 다르게 활용할 방법을 찾아야 한다. 어느 팀에나 주전에서 제외할 수 없는 선수가 있게 마련이다."

리오 퍼디난드

"혹시 건망증이 있나요? 맨유, 맨시티, 리버풀 등에서 해리 케인과 손흥민 중 한 명을 데려갈 수 있다고 하면, 대다수가 손흥민을 택할 것입니다. 요즘 케인이 골을 많이 넣지만 손흥민은 지난 시즌에 그보다 많은 골을 넣었습니다. 훌륭한 선수에게도 인내심을 가져야 해요. 손흥민은 지난 4년 동안 토트넘을 이끌어왔어요. 모두가 토트넘은 '손-케 듀오의 투맨 팀'이라고 말하는데, 몇 경기 침묵했다고 그를 제외시킨다면 손흥민은 감독에 불만을 가질 수 있어요. 손-케 듀오는 이미 증명되었으니 주전으로 두고 그를 서포트할 수 있게 다른 선수들을 보강하는 것이 맞습니다."

마이클 오언

잉글랜드 축구의 전설이자 축구 방송인으로 맹활약하고 있는 개리 리네커의 손흥민 사랑도 대단하다. 2022년 9월 17일 토요일 레스터시티전에서 해트트릭을 기록한 바로 그날 밤이었다. BBC 하이라이트 프로그램 '매치 오브 더 데이(MOTD)' 클로징 멘트로 손흥민의 해트트릭 활약을 상기시켰다.

"해브 어 굿 '손'데이(Have a good 'Son'day)."

내일 좋은 일요일 보내라는 뜻의 '해브 어 굿 선데이'에서

‘선데이’를 ‘손데이’로 바꾸었다. 그만큼 손흥민의 해트트릭을 자기 일처럼 기뻐했다.

본업에 100퍼센트 진심인 손흥민이다. 축구를 즐겁게 하는 일, 축구를 잘하는 일, 축구의 가치를 높이는 일 등 축구를 위한 일이라면 뭐든지 사력을 다한다. 미디어와의 인터뷰 또한 축구를 위한 컬래버 작업으로 생각하고 최선을 다해 협조한다. 손흥민은 이렇게 진정한 프로페셔널리즘을 보여주고 있다.

고개 숙여야 할 때를
아는 지혜

❋

영국 리버풀 구디슨 파크. 3만 9,000여 에버턴 팬들은 한목소리로 외치고 있었다.

"꺼져! 꺼져! 꺼져!(Off! Off! Off!)"

지탄의 대상은 머리를 감싸 쥐고 있었다. 그는 레드카드를 받았다. 눈물을 뚝뚝 흘리며 라커룸으로 향했다. 손흥민이었다.

2019년 11월 3일 영국 리버풀에 있는 구디슨 파크. 에버턴과 토트넘의 경기가 열렸다. 손흥민은 후반 18분 토트넘의 선제골을 도왔다. 후반 33분 손흥민은 수비를 하다가 안드레 고메스의 볼을 낚아채려 태클했다. 고메스는 중심을 잃고 뒤에 있던 토트넘 수비수 세르주 오리에와 충돌하며 넘어졌다. 발목 골절상을 입었다. 손흥민은 그 자리에서 주저앉았다. 두 손으로 머리를 감싸 쥔 채 눈물을 흘렸다. 큰 부상이라는 것을 직감했다. 주심은 손흥민에게 레드카드를 꺼내들었다.

경기 후 믹스트존. 손흥민은 고개를 숙이며 믹스트존을 지나쳤다. 그 누구도 손흥민에게 말을 걸 수 없었다. 그저 손흥민을 쳐다볼 뿐이었다. 손흥민은 깊은 슬픔에 빠져 있었다.

판단보다 공감, 해명보다 위로

통상적으로 레드카드를 받으면 그다음 경기에 나설 수 없다. 추가 징계도 받을 수 있다. 손흥민도 에버턴전 이후 3경기 출전 정지 징계를 받았다. 그러나 토트넘은 항소했다. 잉글랜드 축구협회(FA)는 손흥민에 대한 판정이 잘못됐다면서 징계를 철회했다.

팩트로만 보자. 손흥민은 볼을 뺏기 위해 태클을 했다. 축구 경기에서는 늘 일어나는 일이다. 손흥민의 태클이 고메스 부상의 직접적인 원인도 아니었다. 태클로 인해 고메스는 중심을 잃었다. 이 과정에서 뒤에 있던 오리에와 부딪히며 발목을 다쳤다. 운이 지지리도 없었을 뿐이다. 팩트만 보면 손흥민은 아무런 잘못이 없다.

하지만 마음 따뜻한 손흥민에게 이 사건은 큰 충격이었던 거 같다. 그래도 빨리 마음을 추슬렀다. 경기 후 휴대전화 전원을 끄고 집으로 가서 혼자만의 시간을 가졌다.

이어진 즈베즈다와의 챔피언스리그 원정 경기. 토트넘과 손흥민은 세르비아로 날아갔다. 손흥민은 후반 11분과 16분 즈베즈다를 상대로 2골을 몰아쳤다. 후반 11분 골을 넣고 손흥민은 카메라 앞에서 두 손을 모아 짧게 기도하는 동작을 취했다. 자신의 태클이 발단이 돼 발목을 다친 고메스를 향한 미안함의 표시였다. 이 경기를 중계한 영국 BT 스포츠의 개리 리네커는 자신의 SNS를 통해 '손흥민은 슈퍼 골을 터뜨렸고 카메라 렌즈 앞에서 미안하다고 말했다. 아마 고메스를 향한 것 같다. 잘했다'라고 칭찬했다. 이후 손흥민이 고메스에 사과 문자를 보냈다는 사실도 밝혀졌다.

불운했던 사고와 큰 부상, 개인적인 사과 문자, 여기에 즈베즈다 원정 경기에서의 사과 세리머니까지. 일련의 과정을 통해 손흥민의 동업자 정신과 착한 심성을 재확인했다. 피치 위에서는 서로 경쟁하지만 그 이면에는 '모두 같은 꿈을 꾸는 축구 선수'라는 동업자 정신이 있다. 경기장에서는 축구 규칙에 따라 정정당당하게 경쟁하고, 경기가 끝나면 서로 우정을 나누자는 마음가짐이다. 손흥민은 이런 동업자 정신에 입각해 용기를 냈다. 공개적인 곳에서 사과를 하는 것은 부담스러운 일일 수 있다. 이미 개인적으로 사과 문자도 보내고 연락도 했다. 그러나 손흥민은 TV 화면을 통해 다시 한 번 더 사과했다. 고메스에게 위로가 되기를 바랐다. 손흥민이 용기를 낸 덕에 고메스는 큰 위로를 받았다. 이 일로 손흥민의 평판은 더욱 좋아졌다.

평판은 곧 실력으로 연결된다

모든 업계에는 평판이 있다. 함께 사는 사회다. 손흥민은 그간 동료들을 존중하고 배려하는 인간적인 모습을 보여줬고 좋은 평판을 받아왔다. 좋은 평판을 쌓은 덕에 경기 중 이득을 본 적도 있다. 2018년 12월 2일 영국 런던 에미레이트 스타디움, 아스널과 토트넘의 2018~2019시즌 프리미어리그 14라운드 경기. 전반 33분 손흥민은 아스널 문전 안에서 넘어졌다. 아스널 수비수 롭 홀딩의 태클에 걸렸다. 주심은 페널티킥을 선언했다.

손흥민이 페널티킥을 얻어내는 장면은 논란을 낳았다. 다이빙 논란이었다. 축구에서 다이빙이란, 반칙을 얻어내기 위해 일부러 크게 넘어지거나 거짓으로 넘어지는 것을 말한다. 특히 페널티킥과 직결되는 페널티 지역 안에서 종종 발생한다. 손흥민이 홀딩에게 걸리지도 않았는데 페널티킥을 얻어내기 위해 일부러 넘어졌다는 논란이 일었다. 이슈를 만들고 싶은 일부 미디어와 아스널 팬들은 손흥민이 의도적으로 다이빙을 했다고 비난했다. 아스널 팬들은 손흥민을 향해 "사기꾼(cheater)"이라고 소리치기도 했다.

그러나 공식적으로 손흥민은 무혐의였다. 잉글랜드 축구협회는 다이빙에 대해 엄격하다. 사후에 다이빙으로 판명되면 3~5경기 출전 정지 징계를 내린다. 그러나 손흥민 케이스에 대해서는 어떠한 징계도 없었다. 손흥민의 다이빙이 아니란 것을 공식 인정했다. 손흥민이 경기 후 인터뷰에서 "저는 다이빙을 하는 선수가 아니에요"라고 했던 말을 믿었다. 평소 손흥민이 바른 태도로 신뢰를 쌓아왔기 때문에 가능한 일이었다.

동료와 함께 만든
골든부트의 기적

✳

"팀, 그렇게 막아대면 살라가 너한테 뭐 해준다니?"

2022년 5월 24일 영국 노리치 캐로우로드. 경기 도중 토트넘 수비수 다이어가 갑자기 노리치시티 골키퍼 팀 크룰에게 불만 가득히 말했다. 크룰은 "살라?"라며 황당한 듯 다이어를 쳐다봤다.

다이어가 이런 말을 한 데에는 이유가 있었다. 이 경기는 2021~2022시즌 프리미어리그 38라운드 경기였다. 토트넘은 이 경기 전 사실상 리그 4위를 확정했다. 챔피언스리그

티켓을 확보했다. 선수들에게 남은 과제는 단 하나, 손흥민 리그 득점왕 만들기였다.

손흥민은 이 경기 전까지 리그에서 21골을 넣었다. 22골로 리그 득점 선두였던 모하메드 살라(리버풀)와는 단 1골 차이였다. 챔피언스리그 진출이라는 팀 미션을 완수한 토트넘 선수들은 자신들의 욕심을 버리고 손흥민의 골을 돕고 도왔다. 데얀 클루세프스키는 크룰과 일대일 상황에서 슈팅하는 대신 손흥민에게 패스를 해주었다. 그러나 크룰 골키퍼가 문제였다. 미친 듯이 토트넘의 슈팅을 막아냈다. 특히 손흥민의 슈팅을 계속 선방해냈다. 그러자 답답해하던 다이어가 크룰에게 이런 말을 했던 것이다.

토트넘 팀 선수들 모두가 손흥민 득점왕 만들기에 매진했던 이유가 무엇일까. 단순히 팀 내 득점왕이 나온다는 기쁨 때문만은 아니다. 해리 케인이 2015~2016, 2016~2017, 2020~2021시즌 골든부트를 차지했을 때도 이만큼 전폭적인 도움은 없었다. 물론 마지막 경기에서 골 수에서 역전하며 팀 내 득점왕을 만든다는 것에 의미를 두었을 수도 있다. 그러나 이것이 전부는 아니었다. 손흥민은 늘 자신보다 팀을 우선시해왔다. 이런 손흥민을 토트넘 동료들은 잘 알고 있었다. 그래서 득점왕 찬스가 오자 손흥민의 득점왕 등극을 모두가 바라고 또 바랐다.

모든 일에는 우선순위가 있다

팀 스포츠인 축구에서 선수는 개인의 욕심보다 팀을 우선시해야 한다. 너무 당연한 말이다. 그러나 이 당연한 말을 실행하는 것이 어렵다. 특히 골을 넣는 포지션인 공격수에게는 더욱 쉽지 않은 과제다. 공격수들은 골을 노린다. 골은 자신의 가치를 키우는 가장 빠른 지름길이다. 그래서 자신의 골에만 집착한 나머지 정작 팀플레이는 전혀 신경을 쓰지 않는 경우가 종종 있다.

재미있는 사례가 있다. 해리 케인이다. 2018년 4월 7일 영국 스토크 온 트렌트 브리태니아 스타디움. 스토크시티와 토트넘의 프리미어리그 33라운드 경기가 열렸다. 토트넘은 2-1로 승리했다. 논란이 일었다. 승패 여부에 대한 것이 아니었다. 토트넘의 결승골 주인공이 누구인지에 관한 논란이었다.

후반 18분 토트넘은 프리킥을 얻었다. 키커는 크리스티안 에릭센이었다. 에릭센이 찬 볼은 케인 그리고 스토크시티 수비수 사이를 지나 골망 안으로 들어갔다. 케인이 달려가며 세리머니를 했다. 토트넘 동료들도 모두 케인에게 달려가 축하했다. 다들 케인의 골이라고 생각했다. 그러나 주심은 이 골의 주인공으로 에릭센을 지목했다. 공식 기록에는 에릭센의 골로 기록됐다. 경기 후 케인은 인터뷰에 나섰다.

"분명히 나는 볼을 터치했다. 내 딸의 인생을 걸고 맹세한다."

물론 농담 반, 진담 반이었다. 하지만 농담이라도 골 하나에 딸의 인생을 건 것은 선을 넘었다. 케인은 왜 이런 무리수를 두었을까.

당시 케인은 치열하게 득점왕 경쟁 중이었다. 29라운드까지 24골로 득점왕 경쟁자였던 살라와 동률을 이뤘다. 그러던 중 30라운드 본머스전에서 발목을 다쳤다. 32라운드에 복귀했지만 그사이 살라가 골을 몰아쳤다. 살라는 31라운드 왓포드전에서 4골을 넣었다. 32라운드 크리스털 팰리스전에서도 1골을 넣었다. 5골을 몰아치며 총 29골을 기록했다. 순식간에 살라와 5골 차가 나자 케인은 조바심을 냈다. 2015~2016 시즌, 2016~2017시즌 득점왕이었던 그는 득점왕 3연패를 하고 싶었다. 한 골이라도 빨리 넣어서 살라를 따라가야 했다.

토트넘은 케인을 지원했다. 구단 차원에서 공식적으로 프리미어리그에 득점 정정을 요구했다. 결국 프리미어리그는 케인의 손을 들어주었다. 터치가 있었다며 케인의 골을 인정했다. 이로써 케인은 25호 골을 기록했다.

그러자 거센 후폭풍이 불었다. 케인의 골이 인정됐다는 소식에 살라는 자신의 SNS에 '와아아아아아아아우 정말?(Woooooooow really?)'이라는 글을 올렸다. 개리 리네커 역시 SNS에 '(같은 날 골을 넣었던) 마리오 만주키치의 골도 해리 케인의 골로 인정되어야 할 것'이라며 비아냥댔다. 프리미어리그 최다 골 기록을 가지고 있는 앨런 시어러는 '내가 인정받지 못했던 9골을 프리미어리그가 돌려줄지 의문이다. 그랬다면 나의 최다 골 기록은 269골'이라고 썼다.

자신의 골을 도둑맞은 에릭센도 묘한 발언을 남겼다. 그 경기 직후의 인터뷰였다.

"만약 케인이 터치했다고 한다면 그가 볼을 건드린 것

이고 그의 득점이 맞다. 만약 주심이 (케인의 터치 없이) 그대로 들어갔다고 한다면 그대로 들어간 것이다. 누구의 득점 여부와 관계없이 가장 중요한 것은 우리가 경기에서 승리한 것이다."

누구의 골이든 크게 상관 없다는 뉘앙스다. 이 말에는 케인도 골 하나에 딸의 인생을 걸지 말고 팀이 승리했다는 것에 의미를 두어야 한다는 속뜻이 담겨 있었다.

팀 분위기도 다소 묘해졌다. 케인의 발언 이후 토트넘은 부침을 겪었다. 이어진 맨시티와의 경기에서 1-3으로 완패했다. 브라이턴 원정 경기에서도 1-1 무승부를 거뒀다. 21일 맨유와의 FA컵 준결승전에서는 1-2로 졌다. 3경기에서 케인은 한 골을 넣었다.

갖은 욕과 조롱을 먹은 케인은 결국 그 시즌 득점왕도 놓쳤다. 살라가 32골로 득점왕을 차지했다. 케인은 30골에 그쳤다. 토트넘은 이 시즌에도 우승하지 못했다. 리그에서 3위, FA컵에서는 4강에서 탈락했다. 리그컵은 4라운드 탈락, 유럽챔피언스리그 역시 16강에서 행군을 멈췄다.

우선순위를 잘못 둬서 발생한 일이었다. 케인은 토트넘을 대표하는 선수이자 잉글랜드를 대표하는 최고 스타 선수다. 그런 선수가 자신의 득점왕 타이틀을 위해 동료 선수의 골을 뺏어내는 행동은 눈살을 찌푸리게 만들었다. 팀 내 선수들의 신망도 깎아내렸다.

간절했기 때문에 무리수를 뒀다. 하지만 팀 스포츠의 본질을 놓쳤다. 아무리 많은 골을 넣는 선수라 하더라도 결국 팀원 중 한 명일 뿐이다. 케인이 골을 넣을 수 있는 것도 동료 선수들의 지원이 있기 때문이다. 케인은 이 사실을 간과했다. 팀보다 자신이 먼저였다. 득점왕 욕심이 화를 부른 것이다.

나 혼자 잘되는 길은 없다

2021~2022시즌 손흥민은 우선순위를 잘 알고 있었다. 골에 욕심내기 전에 먼저 팀 승리라는 절대 명제에 복종했다. 자신의 전력을 오로지 팀을 위해 쏟아부었다.

2022년 2월 9일 영국 런던 토트넘 홋스퍼 스타디움. 토트넘과 사우스햄턴의 프리미어리그 24라운드 경기가 열렸다. 손흥민은 풀타임을 소화했다. 전반 18분 사우스햄턴 수비수 베드나렉의 자책골을 유도했다. 후반 26분에는 루카스 모우

라의 크로스를 골로 마무리했다. 리그 9호 골이자 시즌 10호 골이었다. 손흥민이 토트넘의 2골을 모두 만들어낸 것이다. 그럼에도 불구하고 토트넘은 손흥민의 골 이후 무너졌다. 후반 35분부터 경기 종료까지 2골을 허용하며 2-3으로 지고 말았다. 경기 후 손흥민은 "홈이었고, 리드를 잡은 상황에서 져서 매우 실망스럽고 처참하다. 5분 동안 같은 방식으로 두 골을 내줬다. 정말 실망스럽다"며 우울해했다.

3개월 후인 5월 7일 리버풀 안필드. 토트넘은 리버풀 원정에서 1-1로 비겼다. 손흥민은 후반 11분 선제골을 넣었다. 리그 20호 골이었다. 경기 후 손흥민에게 골에 대한 생각을 물었다.

"하나의 찬스만 오면 된다는 생각을 가지고 있었던 것 같아요. 찬스에서 제가 골은 넣었지만 그전 플레이가 완벽하게 만들어졌어요. 동료 선수들이 잘해줬죠."

득점의 이유를 자신이 아닌 팀 동료들에게 돌렸다. 손흥민의 인터뷰는 늘 이런 식이다.

페널티킥에 대한 멘트를 들어보면 손흥민의 우선순위를

더욱 잘 알 수 있다. 손흥민이 리버풀전에서 20호 골을 넣으면서 득점왕 경쟁에 뛰어든 시기였다. 그때까지 손흥민은 페널티킥 골이 하나도 없었다. 토트넘의 페널티킥 키커는 케인이다. 페널티킥은 성공률이 상당히 높다. 손흥민이 페널티킥을 찬다면 분명 득점왕 레이스에서 큰 힘을 얻을 수 있다. 당시 언론에서도 득점왕 경쟁을 위해서라도 손흥민에게 페널티킥을 차게 해야 한다는 지적이 많이 있었다. 여기에 대해 묻자 손흥민은 확실하게 자신의 뜻을 전했다.

"20골 중에 페널티킥이 하나도 없어요. 그래도 골잡이다 보니까 페널티킥에 대한 욕심이 있을 것 같거든요."

"전혀요. 그거는 당연히 케인 선수가 차야 합니다."

"만약 감독이 차라고 한다면요?"

"차라고 하면 자신은 있어요. 하지만 제가 안 찰 것 같아요. 페널티킥은 어디까지나 리그에서 당연히 골로 치는 거기 때문에 페널티킥으로 넣느냐 마냐가 중요한 게 아니에요. 저는 제가 해야 될 것들을 하는 게 더 중요하다고 생각합니다. 팀을 위해 열심히 뛰다 보면 찬스가 올 거고 그 찬스 때 골을 넣어주는 게 제 역할이에요."

이런 손흥민을 토트넘 선수들은 사랑할 수밖에 없었다. 그래서 손흥민의 득점왕 등극을 진심으로 바랐다. 다시 2022년 5월 24일 영국 노리치 캐로우로드. 다이어는 말로 크롤 골키퍼의 멘털을 흔들었고 클루세프스키는 자신의 골 기회를 포기하고 손흥민에게 패스하며 힘을 실었다. 교체 투입된 루카스 모우라는 손흥민에게 감각적인 패스를 뿌렸다. 동료들의 적극적인 지원 덕에 손흥민은 이 경기에서 2골을 추가했다. 그리고 리그 23골로 살라와 함께 공동 득점왕에 등극했다.

찬사가 이어졌다. 콘테 토트넘 감독은 "우리가 챔피언스리그에 진출하기 전에 손흥민 리그 득점왕을 도울 수 있는 기회가 와서 매우 행복하다"고 말했다. 이어 "손흥민을 위해 팀원들이 보여준 노력을 강조하고 싶다. 손흥민이 득점왕이 될 수 있게 도운 동료들의 의지와 열망에 고맙다"고 강조했다.

손흥민도 동료들에게 공을 돌렸다.

"첫 번째 골을 도와준 루카스의 도움이 저평가됐어요. 정말 어려운 터치예요. 특히 주발이 아닌 발로 엄청난 찬스를 만들어줬어요. 만약 첫 번째 골이 들어가지 않았더라면 두 번째 골도 넣지 못했을 거예요. 루카스는 교체돼 들어올 때부터 제게 도움 주려는 마음을 먹고 들어왔다고 하더라고요. 그 이야기를 듣고 너무너무 고마웠어요."

팀 스포츠의 본질을 정확히 이해하고 우선순위를 헷갈리지 않는 손흥민. 늘 한결같이 자신의 공을 동료 선수들에게 돌리는 손흥민. 그의 모습을 보며 팀과 동료를 빛내는 일이 결과적으로 자신을 빛내는 일이라는 것을 다시 한번 확인할 수 있었다.

5장

——

운명을 바꿀 최적의 타이밍을 찾는 법

기회가 오면
망설임 없이 돌진하라

승부처에서
골을 넣는 방법

✳

손흥민의 최대 강점은 슈팅이다. 슈팅 박자가 여타 선수들
에 비해 반 박자 빠르다. 슈팅의 파워와 스피드도 남다르다.
손흥민과 함께 뛰어온 선수들도 인정한다. 손흥민의 슈팅이
남다르다는 것을. 그 가운데 특히 인정하는 지점이 있다. 바
로 페널티 지역 아크 서클 좌우에 있는 '손흥민 존(zone)'이
다. 이곳에서 볼을 잡고 난 뒤 손흥민은 감아차기를 시도한
다. 기가 막히게 휘어진다. 골키퍼가 몸을 날려본다. 그러나
공은 그의 손을 넘어 반대편 핫코너로 빨려들어간다. 손흥민
존에서의 감아차기 슈팅 그리고 골, 손흥민의 전매특허다.

사실 손흥민도 자주 쓰는 패턴은 아니다. 2021~2022시즌까지 손흥민은 클럽 무대에서 180골, 대표팀에서 35골 총 215골을 기록했다(2022년 10월 기준). 이 중에 손흥민 존에서 감아서 때려 넣은 골은 24골로 약 10퍼센트 정도다. 그렇게 큰 비중은 아니다. 잊힐 만하면 한 번씩 나온다고 보면 된다. 낮은 비율임에도 불구하고 '손흥민 존'이라는 이름으로 기억되는 이유는 무엇일까. 우선 그 골들 중 상당수가 큰 의미를 지닌 골이었기 때문이다.

결정적 순간에 득점을 올리는 승부사

2012년 9월 22일 독일 함부르크 임테흐 아레나. 함부르크와 도르트문트의 대결에서 손흥민은 경기 시작 2분 만에 첫 골을 넣었다. 그리고 2-1로 앞서고 있던 후반 14분 손흥민은 페널티 지역 오른쪽에서 볼을 잡았다. 수비수를 흔든 후 왼발로 감아찼다. 골망을 갈랐다. 결승골이었다. 함부르크는 3-2로 승리했다. 손흥민의 첫 감아차기 슈팅 골이었다. 분데스리가가 특급 윙어 중 한 명으로 자신의 이름을 아로새기는 순간이었다.

2014년 11월 4일. 레버쿠젠 옷을 입은 손흥민은 러시아 상 트페테르부르크에 있었다. 제니트와의 챔피언스리그 조별 리그 경기. 양 팀은 팽팽하게 맞섰다. 후반 14분 손흥민이 골 을 넣었다. 벨라라비가 뒤로 패스했다. 아크 서클 왼쪽에서 손흥민은 그대로 오른발 슈팅을 때렸다. 볼이 감겨 들어갔 다. 챔피언스리그에서 처음으로 기록한 원정 골이자 한 경기 멀티 골의 시작이었다.

2016년 9월 10일 영국 스토크 온 트렌트 브리태니아 스타 디움. 직전 시즌 부진으로 손흥민은 이적 직전까지 갔다. 그 러나 이적은 무산됐다. 토트넘에 남았다. 이어 A매치 휴식기 이후 열린 스토크시티 원정. 손흥민은 이 경기에서 환상적인 오른발 감아차기 슈팅으로 골을 만들어냈다. 이 경기에서 2 골을 기록한 손흥민은 단숨에 주전 자리를 차지했다. 9월 24 일 열린 미들즈브러와의 경기에서도 손흥민은 환상적인 오 른발 감아차기 슈팅으로 골을 만들어 2-1 토트넘의 승리를 이끌었다. 스토크시티전과 미들즈브러전 두 경기에서 나온 손흥민 존 슈팅 골 2개는 프리미어리그에서 손흥민의 성공 시대를 예고한 골들이었다.

2019년 4월 17일 영국 맨체스터 에티하드 스타디움. 챔피 언스리그 8강 2차전이 열렸다. 토트넘이 1차전에서 1-0으로 승리했다. 2차전은 팽팽했다. 1-1로 맞서고 있던 전반 9분 손흥민은 에릭센의 패스를 받았다. 페널티 지역 아크 서클 왼쪽에서 오른발로 감아찼다. 골망을 흔들었다. 토트넘은 맨시티에 3-4로 졌다. 그러나 손흥민의 2골이 컸다. 토트넘은 양 팀 합계 4-4로 비겼다. 원정 다득점 우선 원칙에 따라 맨시티를 제치고 4강에 올랐다.

2022년 5월 1일 영국 런던 토트넘 홋스퍼 스타디움. 토트넘은 위기였다. 챔피언스리그 출전권이 걸려 있는 리그 4위 자리를 놓고 아스널과 치열한 경쟁을 펼치고 있었다. 토트넘은 약체였던 브라이턴에게 0-1로 졌다. 브렌트포드 원정에서는 0-0으로 비겼다. 그러다 레스터시티를 만났다. 2-1로 이기고 있던 후반 34분 손흥민은 오른발 감아차기 슈팅으로 골망을 갈랐다. 토트넘은 3-1로 승리했다. 한 숨을 돌렸다. 리버풀 원정 1-1 무승부 이후 아스널과 홈경기에서 토트넘은 3-0으로 승리했다. 레스터시티전 손흥민의 감아차기 골이 발판이었다.

2022년 5월 22일 영국 노리치 캐로우로드. 후반 30분 손흥민이 슈팅 찬스를 잡았다. 아크 서클 왼쪽 부근이었다. 손흥민은 볼을 잡았다. 수비수를 제쳐냈다. 그리고 오른발 감아차기 슈팅을 시도했다. 볼은 휘어지며 오른쪽 구석에 정확하게 꽂혔다. 시즌 리그 23번째 골. 손흥민은 이 골로 2022~ 2023시즌 득점왕에 올랐다. 아시아인 최초 유럽 4대 리그 득점왕 등극이라는 새 역사를 창조했다.

감아차기 슈팅으로 만든 골은 대부분 타인의 도움 없이 선수 개인의 온전한 능력으로 만들었다는 느낌을 준다. 그럴 수밖에 없다. 슈팅을 때리는 찰나 선수가 선택할 수 있는 코스는 많지 않다. 그 지점에서는 감아차지 않으면 수비수나 골키퍼에게 걸리게 된다. 때문에 슈팅하는 선수가 반대편 구석을 발견하고 강한 발목 힘으로 꺾어서 회전이 걸리게 하는 힘든 과정을 온전히 소화해야만 한다. 손흥민 존이라고 불리는 구역에서의 기대 득점(xG)값은 0.03에 불과하다. 즉 100번의 슈팅이 나올 때 3번만 골로 연결된다는 뜻이다. 그만큼 어렵다는 의미다. 이 지점에서 골을 만들어내는 능력은 특급 골잡이들만 가지고 있다고 해도 과언이 아니다.

손흥민의 감아차기 골을 보는 이들은 전율을 느끼게 된다. 볼이 휘어져갈 때 다소 시간이 걸린다. 그 휘어짐을 보면서, 동시에 몸을 던지지만 볼에 손도 대지 못하는 상대팀 골키퍼를 보면서 많은 감정을 느끼게 되는 것이다. 이 볼은 치열했던 경기 분위기를 한순간 얼어붙게 할 만큼 우아하게 휘어져 골문 안으로 들어간다. 그 순간에는 모두가 볼의 아름다운 궤적을 지켜볼 뿐이다.

운은 거저 만들어지지 않는다

손흥민도 처음부터 이런 슈팅을 구사한 것은 아니다. 사실 손흥민은 어린 시절 슈팅 훈련을 하지 못했다. 손웅정 감독은 어린 시절 손흥민에게 슈팅 훈련 대신 리프팅 등 볼을 안정적으로 다루는 훈련만 시켰다. 몸에 근육이 제대로 붙지 않은 상태에서의 슈팅 훈련은 독이라고 생각했기 때문이다. 더욱이 손흥민은 중학교 2학년이 될 때까지 아버지 손웅정 감독이 지도하는 '춘천 유소년 FC'에서 개인기 위주의 훈련만을 받았다. 제도권 축구로 들어간 중학교 2학년을 앞두고서야 제대로 된 슈팅 훈련을 할 수 있었다.

그런 손흥민이 성공률 3퍼센트의 손흥민 존 골을 처음으로 성공시킨 것은 2012년 9월이었다. 물론 그전에도 몇 차례 슈팅은 시도했다. 그러나 번번이 수비수와 골키퍼에게 걸렸다. 손흥민 존 골의 첫 성공은 무수한 노력의 결과였다. 손흥민은 2021년 한 매체와의 인터뷰에서 손흥민 존에 대해 말했다.

"처음부터 그 위치에서 슈팅을 잘하지는 않았어요. 훈련을 정말 많이 했어요. 이제는 그 위치에 있을 때 자신감이 생깁니다. 피나는 노력 덕분인 거 같아요."

재미있는 일화도 있다. 손흥민은 (물론 다른 선수들도 마찬가지지만) 경기 시작 전에 워밍업을 한다. 워밍업 말미에는 슈팅 연습을 한다. 2016년 9월 10일 스토크시티전이었다. 경기를 앞두고 손흥민은 계속 슈팅을 연습했다. 4~5차례 슈팅을 했지만 모두 골문을 비켜갔다. 뭔가 안 맞는다는 느낌이 들었다. 영점 조절이 제대로 안 된 상태에서 경기에 돌입했다. 손흥민은 감아차기 슈팅 골을 비롯해 2골 1도움을 기록했다. 토트넘은 4-1로 승리했다. 경기가 끝난 후 믹스트존에서 손흥민을 만났다. 워밍업 당시 골을 하나도 넣지 못했는데 정작 경기에서 잘 넣었다. 어찌된 일인지 바로 물었다.

"드문 일이긴 하지만 이상하게 골이 잘 들어가는 날이 있어요. 오늘도 그렇네요. 운이 정말 좋았나 봐요."

그의 말처럼 운이 좋은 날이었다. 하지만 운은 거저 만들어지지 않는다. 그 밑바탕에는 손흥민의 피나는 노력이 있었다. 앞으로 얼마나 많은 손흥민 존 골이 나올지는 모른다. 하지만 하나는 확실하다. 그 골은 분명 엄청난 의미를 지닐 것이다. 또한 극적인 순간에 나올 것이다. 모두가 그 골을 숨죽이며 보면서 짜릿한 전율을 느낄 것이다.

역류에 대응하는 법,
순류

✳

손흥민은 다재다능한 팔방미인이다. 공격 대부분의 자리를 소화할 수 있다. 감독들이 손흥민을 좋아하고 중용하는 이유 중 하나다. 그런데 오히려 그 다재다능함 때문에 손흥민은 감독으로부터 무리한 요구를 받기도 한다. 몸에 맞지 않는 옷을 입히는 경우다. 포체티노 감독이 '윙어' 손흥민에게 '윙백(측면 수비수)' 역할을 맡겼던 일이 그렇다. 하지만 감독이 일으키는 역류에 손흥민은 즉각 맞대응하지 않았다. 대신 이에 순응하며 축구 경험치를 쌓고 시야를 넓혔다.

상황에 맞춰 자유자재로 변신하라

2017년 4월 22일 영국 런던 웸블리. 토트넘과 첼시가 FA컵 4강전에서 격돌했다. 선발 라인업을 본 사람들은 모두 놀랐다. 포체티노 토트넘 감독이 파격적인 선발 라인업을 들고 나왔기 때문이다. 손흥민 윙백 카드였다. 포체티노 감독은 3-4-2-1 전형에서 손흥민을 왼쪽 윙백으로 배치했다. 손흥민은 실전에서 윙백으로 나선 적이 없었다. 더욱이 이 경기는 FA컵 4강전. 결승으로 가는 길목이자 단판 승부였다.

　포체티노 감독은 갑자기 왜 손흥민을 윙백으로 세우는 도박을 했을까. 당시 토트넘은 3-4-2-1 전형을 쓰면 성적이 좋았다. 특히 상대팀이었던 첼시에게 3-4-2-1 전형으로 승리를 거둔 바 있었다. 문제는 공격진 구성이었다. 3-4-2-1 전형에서는 세 명의 공격수를 쓴다. 케인이 원톱으로 나섰다. 그 뒤를 받치는 선수로 델리와 에릭센을 선정했다. 이들을 케인 아래 2선 공격수로 뒀다. 측면으로 벌리기보다는 중앙으로 들어오게 했다. 그리고 측면 공격수로서의 역할을 '윙백' 손흥민에게 맡겼다. 그 이전 경기까지 4경기에서 5골을 넣었던 손흥민의 공격력을 포기하기 아까웠다. 그래서 포체티노 감독은 윙백 경험이 아예 없었던 손흥민에게 윙백을 맡겼다.

결과는 역시 실패였다. 윙어와 윙백은 아예 다르다. 윙어는 공격수이지만 윙백은 수비수다. 수비적인 감각이 있어야 한다. 평생을 공격수로 뛰어온 손흥민에게 측면 수비수 자리는 버거웠다. 기본적인 수비 자세나 협력 플레이 등에서 허점을 드러냈다. 1-1로 맞선 전반 43분 첼시의 빅터 모제스가 손흥민 쪽으로 치고 들어왔다. 손흥민은 그를 막다 태클을 시도했다. 모제스는 넘어졌다. 반칙 휘슬이 울렸다. 페널티킥을 허용했다. 손흥민은 후반 23분 교체 아웃됐다. 포체티노 감독이 조기 교체를 통해 전술 실패를 인정한 셈이었다. 토트넘은 2-4로 졌다. 결승 진출에 실패했다.

손흥민의 실패는 아니었다. 손흥민은 감독이 주문한 자리에서 감독이 주문한 대로 최선을 다해 움직였다. 이는 포체티노 감독의 실패다. 포체티노 감독은 왜 악수를 뒀을까.

첫째, 욕심이 과했다. 결승으로 가는 단 한 번의 경기였다. 상대보다 잘하는 것에 집중했다. 공격수를 많이 배치하는 것을 해법으로 내놓았다. 그러나 수비수인 윙백 자리에 공격수를 배치한 것은 치명적 실수였다. 기존 공격수 3명에 '윙백' 손흥민까지 더하면 4명의 공격력을 자랑할 수 있을 거라 생각했다. 아니었다. 윙백 손흥민은 공격에서는 힘을 보탰지만 수비에서는 오히려 짐이 되고 말았다. 욕심이 앞섰기에 상황을 제대로 인지하지 못했다.

둘째, 선수의 특성을 외면했다. 손흥민은 축구를 시작하면서부터 공격수에 최적화되어 있었다. 제도권 밖에서 아버지와 개인 훈련을 해오다 중학교에 들어가서야 제대로 된 팀 훈련과 경기를 경험했다. 수비수는 많은 경기 경험이 필요하다. 손흥민은 수비수로서 경험이 전혀 없었다. 그런 손흥민의 특성을 외면했기에 포체티노 감독은 악수를 두고 만 것이다.

셋째, 충분한 훈련이 없었다. 손흥민의 윙백 전환은 이 경기에서 처음이었다. 물론 훈련에서는 윙백을 시험했을 것이다. 하지만 훈련과 실전은 다르다. 리그에서 윙백을 시험했어야 했다. 그러나 포체티노 감독은 단판 승부인 FA컵 4강에서 손흥민 윙백 카드를 꺼내 들었다. 실수가 곧 탈락으로 귀결되는 토너먼트 경기였다. 수백만 번 연습해도 쉽지 않을 카드를 너무 쉽게 생각하고 훈련 없이 꺼낸 것이 패착이었다.

넷째, 남의 떡이 커보였다. 2017년 당시 세계 축구 흐름에서 윙백 카드가 크게 유행했다. 특히 윙어들의 윙백 전환이 히트 상품으로 나오고 있었다. 포체티노 감독이 상대한 첼시에도 그런 상품이 있었다. 빅터 모제스였다. 윙어인 모제스는 콘테 감독 아래에서 윙백으로 포지션을 변경했다. 수비력은 다소 아쉬웠지만 공격 전개 능력과 마무리에서 좋은 기량을 선보였다. 포체티노 감독도 이런 윙백을 원했을 것이다. 그래서 손흥민을 들고 나왔다. 모제스처럼 해주기를 바랐다. 그러나 처음 윙백에 나서는 선수에게 이는 어불성설이었다.

이 경기 이후 '윙백 손흥민'은 찾아볼 수 없었다. 물론 모리뉴 감독 체제에서 '윙백처럼 플레이하는' 손흥민이 나오기는 했다. 그러나 이는 토트넘 팀 전체가 수비적으로 라인을 내렸기 때문에 손흥민도 수비에 많이 가담했을 뿐, 포지션 자체를 윙백으로 내린 것은 아니었다.

2022~2023시즌 콘테 감독 체제에서 손흥민은 다시 포지션 변경을 요구받고 있다. 공교롭게도 다시 3-4-2-1 전형이다. 손흥민이 윙백으로 나서는 것은 아니다. '윙백 손흥민'이 실패했을 당시 상대팀 첼시의 사령탑이 콘테 감독이었다. 콘테 감독은 손흥민에게 '윙백'은 무리라는 것을 잘 알고 있었다. 그는 손흥민에게 공격형 미드필더의 역할을 요구하고 있다. 콘테표 3-4-2-1 전형에서 손흥민은 원톱 케인 아래에 배치된다. 중앙으로 이동해 연계에 방점을 찍는 플레이를 해야 한다. 공격형 미드필더, 즉 10번 자리다. 성과가 생각만큼

나오지는 않고 있다. 손흥민은 선수 생활을 하면서 10번 자리에 있었던 적이 많지 않다. 스피드를 활용해 뒷공간으로 파고들고 마무리하는 역할에 충실해왔다. 전문적인 공격형 미드필더들에 비해 패스 능력이 떨어지기 때문이다. 손흥민은 3-4-2-1 전형에서 단 한 골도 넣지 못하고 있다(2022년 10월 24일 기준). 3-5-2로 변경해 투톱으로 나섰을 때는 5골을 집어넣었다.

숨죽이고 기다릴 줄 아는 자

콘테 감독의 결정은 실패일까. 현재로서는 성공적으로 보이지 않는다(2022년 10월 24일 기준). 정작 손흥민은 큰 불만이 없다. 선수는 감독이 어떤 결정을 내리더라도 그에 맞는 역할을 100퍼센트 수행해야 한다. 감독과 선수가 상하 관계라서가 아니다. 전술을 짜고 작전을 지시하는 감독의 역할과 권한을 존중하는 것이다.

그럼에도 감독과 포지션 변경을 두고 대립한 선수들이 꽤 있다. 대표적인 선수가 바로 프랑크 리베리(은퇴)였다. 프랑스 최고의 크랙(개인기를 발휘하여 상대 진영을 휘젓는 유형의 선수)으로 평가받고 있던 리베리. 그는 바이에른 뮌헨에서 뛰던 2009년 당시 팀을 지도하던 루이스 판 할 감독과 충돌했다. 리베리는 중앙으로 포지션 이동을 하고 싶다고 감독에게 적극 요구했다. 판 할 감독은 거부했다. 리베리는 이에 대해 불만을 품고 제대로 뛰지 않는 등 좋지 않은 모습을 보였다.

로멜루 루카쿠(인터 밀란) 역시 포지션과 관련해 불만이 많은 선수다. 루카쿠는 최전방에서 뛰기를 원한다. 191센티미터의 큰 키에 100킬로그램에 육박하는 거구의 루카쿠는 자신이 최전방에 섰을 때 가장 좋은 경기력을 보인다고 믿는다. 그러나 루카쿠를 지도한 감독들의 생각은 달랐다. 첼시 1기 시절(2011~2014)이나 맨유(2017~2019) 당시 루카쿠를 지도했던 안드레 비아스 보아스나 올레 군나르 솔샤르 감독은 '윙어' 루카쿠를 선호했다. 거구에도 속도감이 좋았기 때문이다. 루카쿠는 표면적으로 감독의 지시를 따르는 모양새를 취했다. 하지만 시즌이 끝난 후 이적을 요구하며 팀 분위기를 흐렸다.

그러나 손흥민은 달랐다. 윙어, 그것도 정상급 윙어에게 윙백의 역할을 맡기는 것은 누가 봐도 무리한 행동이다. 그럼에도 손흥민은 감독의 역할을 존중하고 지시에 따라 최선을 다했다. 경기력을 100퍼센트 발휘하지 못해 아쉬웠을 수는 있다. 그럼에도 손흥민은 불만을 품는 대신 상황에 순응하고 주어진 역할에 충실하기 위해 노력했다. 팀보다 위대한 선수는 없기 때문이었다. 수비수 입장을 직접 경험하며 공격수일 때 몰랐던 여러 것들을 체득했다. 손흥민의 '축구 보는 눈'을 더 키워준 시간이었다.

스스로 '우승'
밥상을 차려라

2022년 6월 루드 굴리트가 게임 회사 프로모션으로 방한했다. 국제축구연맹(FIFA) 온라인 유튜브 채널 'EA SPORTS TM FIFA 온라인 4'를 통해 여러 이야기를 나누었다. 손흥민에 대한 이야기가 큰 비중을 차지했다.

> "손흥민이 엄청난 선수라는 것은 다른 빅 클럽들이 그를 원하는 것만 봐도 알 수 있어요."

굴리트의 이 말은 한국 팬들의 어깨를 으쓱하게 만들었다.

하지만 바로 뒤이어 아픈 곳을 찔렀다.

> "그가 잘하는 건 우리 모두가 알아요. 그러나 모든 커리
> 어의 끝은 결국 트로피(우승)입니다."

여기서 잠깐. 굴리트가 누구길래 손흥민에게 '팩트 폭행'을 날리느냐고 반문할 수 있다. 네덜란드리그(에레디비지) 우승 3회, 네덜란드 축구협회컵 우승 1회, 이탈리아 세리에A 우승 3회, 수페르 코파 우승 2회, 유러피언컵 우승 2회, UEFA 슈퍼컵 우승 1회, 인터콘티넨털컵 우승 1회, 코파 이탈리아 우승 1회, 유로 우승 1회. 1987년 발롱도르 수상, 1988년 발롱도르 2위. 이 정도 커리어면 손흥민에게 팩트 폭행을 날려도 된다고 본다.

결국 도달하고 싶은 곳이 어디인가

아직까지 우승이 없다는 것(2022년 10월 기준)은 손흥민의 가장 아픈 곳이다. 2018년 자카르타-팔렘방 아시안게임 우승 딱 하나 있지만 메이저 대회는 아니다. 손흥민은 준

우승만 세 번 했다. 2016~2017시즌 프리미어리그 준우승. 2018~2019시즌 유럽챔피언스리그 준우승, 2020~2021시즌 리그컵 준우승. 아쉬움이 크다. 왜 우승을 못했을까.

팀 운이 조금 아쉽다. 손흥민은 함부르크, 레버쿠젠에서 뛰었다. 우승을 할 만한 전력은 아니었다. 함부르크는 강등권을 맴돌았다. 손흥민이 떠나고 꽤 시간이 흐른 후 결국 2부로 강등됐다. 레버쿠젠은 중상위권이다. 바이에른 뮌헨을 견제할 수는 있다. 그러나 어쩌다 한 번씩 이기는 수준이다. 엄밀하게 말하면 3~4위권 수준이다.

토트넘. 이제는 빅 클럽이다. 그러나 예전부터 빅 클럽은 아니었다. 프리미어리그에서는 5~10위권이었다. 2007~2008시즌 리그컵 우승을 차지했다. 그러나 이후 한계가 보였다. 2010년대 들어서 상위권으로 치고 올라왔다. 투자가 단행됐고 성적도 조금씩 끌어올렸다.

'깔딱고개'가 있다. 산 정상에 오르기 직전 가장 힘든 코스다. 여기만 넘어가면 정상에 오를 수 있다. 대부분 이 지점에서 많이 포기하곤 한다. 토트넘은 매번 이 '깔딱고개'를 넘지 못했다. 부상자가 생기거나 어이없게 지기도 했다. 2016~2017시즌 첼시에 이어 2위를 차지할 때도 결국 첼시 원정, 맨유 원정, 리버풀 원정 패배가 컸다. 부상으로 인해 선수층이 얇은 것, 주전 선수들과 백업 선수들과의 실력 차이가 큰 것이 주요 패배 요인 중 하나였다.

백약이 무효했다. 2019년 포체티노 감독을 경질했다. 직전 시즌 챔피언스리그 준우승을 이끌었다. 그러나 2019~2020 시즌 팀 성적이 리그 11위까지 내려갔다. 모리뉴 감독을 데려왔다. 우승 청부사였다. 가는 팀마다 어떤 대회든 꼭 하나는 우승시켰다. 선 수비 후 역습. 재미는 없지만 결과를 확실히 챙기는 실리 축구의 대가였다. 그런 모리뉴 감독도 토트넘을 우승으로 이끌지 못했다. 선수층 부족의 아쉬움을 떨쳐내지 못했다. 2020~2021시즌 리그컵 결승을 앞두고 토트넘은 모리뉴 감독을 잘랐다. 사실상 우승 안 해도 상관없다는 뜻이었다. 결국 토트넘은 맨시티에 졌다. 손흥민은 웸블리에서 또 눈물을 흘렸다.

목적지에 이르는 가장 빠른 방법

우승을 할 수 있는 방법은 무엇일까. 첫 번째는 우승을 할 만한 팀으로 이적하는 것이다. 맨시티, 리버풀, 레알 마드리드, 바이에른 뮌헨 등으로 이적하면 우승이 쉬워질 수 있다. 손홍민과 한솥밥을 먹었던 카일 워커는 맨시티로 이적한 후 프리미어리그 4회 우승, FA컵 1회 우승, 리그컵 4회 우승을 차지했다. 손흥민과 함께 DESK 라인을 결성했던 크리스티안 에릭센도 인터 밀란 이적 후 리그 우승컵을 드는 기쁨을 맛보았다. 키어런 트리피어 역시 토트넘에서 아틀레티코 마드리드로 이적 후 2020~2021시즌 라리가 우승을 경험했다.

손흥민도 이적할 수 있을까. 결론부터 말하자면 쉽지 않다. 손흥민 선수를 향한 이적 제안은 많다. 제안은 누구나 할 수 있다. 중국 구단도 이적 제안을 했다고 한다. 제안의 기준은 모두 다르다. 에이전트를 통해 쿡 찔러보는 것도, 문자 하나도, 공식적인 이적 제안서도 이적 제안이 될 수 있다. 핵심은 많은 구단이 손흥민을 관심 있게 지켜보고 있다는 것이다.

문제는 현실성이다. 손흥민은 2018년 아시안게임 우승으로 군 문제를 해결했다. 이때 손흥민은 토트넘과 장기 재계약을 했다. 손흥민은 왜 재계약에 합의했을까. 정확한 이유는 모른다. 다만 에이전트 업계와 축구 업계에서 나온 이야기가 있다. 아시안게임은 차출 대상이 아니다. 그런데 토트넘은 손흥민의 아시안게임 차출에 동의했다. 단, 재계약을 한다는 조건 아래에서. 이것이 재계약의 이유라는 설이 나돌았다. 확실하지 않지만 신빙성은 크다.

장기 재계약을 했기 때문에 손흥민의 이적료는 높아질 수 밖에 없다. 여기에 토트넘의 회장이 다니엘 레비다. 손흥민의 가치를 너무나 잘 알고 있다. 경기 기량적인 측면뿐만이 아니라 경제적인 가치도 크다. 토트넘의 홈경기에는 수많은 한국 팬들이 온다. 아시아 팬들도 많다. 그들이 구매하는 손흥민 유니폼 가격만 해도 상당한 액수다. 토트넘은 2022년 여름 한국 투어를 다녀왔다. 여기에서만 100억 원 가까이 벌었다고 한다. 상당한 금액을 투자한 한국 스폰서들도 있다. 손흥민 이적은 이러한 '가외 수입'을 포기해야 한다는 의미다. 손흥민을 보내려면 이를 만회할 수 있는 이적료를 받아야 한다. 아마 천문학적인 금액이 될 것이다. 레비 회장의 협상 능력에 따라서는 1억 파운드를 넘길 수도 있다.

　　손흥민은 만 30세다(2022년 10월 기준). 나이가 많다고 기량이 줄어드는 것은 아니다. 그러나 현실적으로 30세를 넘긴 선수를 영입하기 위해 1억 파운드에 가까운 돈을 이적료로 지불하려는 구단은 거의 없을 것이다. 실패의 부담이 크기 때문이다. 때문에 당장 2~3년 내에 손흥민이 토트넘을 떠나기는 쉽지 않아 보인다.

스스로 다지는 우승 초석

결국 토트넘에서 토트넘 선수들과 우승에 도전해야 한다는 답이 나온다. 할 수 있을까. 최근 토트넘의 행보를 보면 희망이 없지는 않다. 토트넘의 구단주인 조 루이스가 우승에 관심을 보이고 있다. 루이스는 외환 거래로 큰돈을 벌었다. 2021년 기준 43억 파운드, 즉 6조 9,000억원의 자산을 보유해 영국 부자 랭킹 42위에 올라 있다. 이런 루이스가 돈을 풀기 시작했다. 2022년 5월 24일 루이스 구단주가 회장으로 있는 이닉(ENIC) 그룹은 토트넘에 1억 5,000만 파운드를 투자했다고 발표했다. 루이스 회장의 사재를 투입했다. 새 구장 건설로 인해 부족해진 운영 자금을 해결하려는 목적도 있겠지만, 선수 보강 등을 통해 우승하겠다는 의지도 읽힌다.

2021년에는 파비오 파라티치 단장을 데리고 오면서 선수 영입에 의지를 내비쳤다. 같은 돈을 쓰더라도 허투루 쓰지 않고 제대로 쓰겠다는 의미였다. 파라티치 단장은 데얀 클루세프스키와 로드리고 벤탕쿠르, 크리스티안 로메로를 데리고 오며 선수층을 두텁게 했다.

화룡점정은 콘테 감독 선임이다. 콘테 감독은 분명 장단점이 있다. 확실한 것은 그가 우승 청부사라는 점이다. 가는 구단마다 우승컵을 들었다. 모리뉴 감독도 그랬지만 토트넘에서는 우승을 만들지 못했다. 콘테 감독은 파라티치 단장이라는 든든한 우군이 있다. 그와 함께 선수단을 구축하면서 큰 그림을 그리고 있다.

돌아가는 모양을 보면 조금씩 '우승에 도전하는' 빅 클럽으로서의 얼개를 짜맞추어 가고 있다. 돈주머니를 슬슬 풀기 시작하는 구단주, 새 구장을 지으면서 조금씩 현금 확보에 성공하고 있는 출납 스페셜리스트 회장, 저평가 우량 선수를 골라내고 키우려는 단장, 그리고 결과를 내고 있는 감독까지. 리그 우승은 쉽지 않을 수 있지만 컵대회 우승은 가능한 구조로 팀을 바꿔 나가고 있다.

이런 분위기 속에서 손흥민도 팀에 뿌리를 굳게 내리고 있다. 이미 팀 내 없어서는 안 될 선수로 자리매김했다. 선수단 분위기를 즐겁게 만드는 것은 물론이고 중고참 선수로서 무게감도 갖추었다. 자기 일을 확실하게 할 뿐만 아니라 젊고 어린 선수들의 멘토 역할도 조금씩 하고 있다. 팀에 처음 오는 선수들이 어색해하지 않도록 이끌고, 선수들을 격려한다. 이렇게 손흥민 스스로 우승에 대한 초석을 놓고 있다.

개인적으로는 손흥민이 토트넘에서 우승하기를 바란다.

토트넘이 좋아서가 아니다. 우승할 만한 팀으로 이적해 결국 우승했다고 치자. 남이 차려놓은 밥상에 숟가락 하나 올려놓은 느낌이 들 것이다. 물론 손흥민은 어느 팀에 가더라도 잘할 것이다. 그래도 어색한 기분을 느낄 것 같다. 리그컵대회 우승이라 하더라도 7년간 함께한 토트넘 유니폼을 입고 우승의 주역이 되어 우승컵을 드는 것이 더욱 속 시원하지 않을까. 그런 날들이 오기를 기다려본다.

부와 명예를
동시에 쟁취하라

✳

상황에 따라 역할이 달라진다. 몸담고 있는 조직에 따라서도 역할이 달라진다. 대부분 한 사람이 여러 역할을 맡는다. 예를 들어보자. 30대 A씨는 회사에서 홍보 마케팅 부서의 광고팀 과장으로 일하고 있다. 회사 제품 광고와 홍보에 필요한 기획을 하고 예산을 집행한다. 파트장과 부하 직원들 사이에서 조율도 해야 한다. 광고 제작 현장에 나가면 자신의 회사를 대표한다. 외주 제작사 관계자와 협업을 펼쳐야 한다. 퇴근하고 집에 오면 남편이자 아빠가 된다. 본가에서는 아들이고 처가에 가면 사위 역할을 한다. 동네 조기 축구회에서는 생수병 나르기를 전담하고 교회에서는 집사를 한다. 이렇게 많은 역할이 있는 A씨의 가장 큰 고민은 서로 다른 각각의 역할을 어떻게 하면 잘 수행하느냐다. 빠른 '모드 전환'이 필요하다.

두 개의 엠블럼, 두 개의 역할

클럽에서의 손흥민은 월드클래스임이 분명하다. 함부르크, 레버쿠젠, 토트넘에서 뛰며 2022년 10월 14일까지 509경기에서 186골을 넣었다. 2021~2022시즌 잉글랜드 프리미어리그에서 득점왕도 차지했다. 잉글랜드 프리미어리그를 대표하는 선수다.

손흥민에게는 또 다른 역할이 있다. 바로 대한축구협회의 '백호' 엠블럼을 달고 뛰는 손흥민이다. 대한민국 국가대표팀 주장 손흥민. 그는 A매치 104경기 출전, 35골을 기록했다. 대표팀에서 우승컵은 없다. 월드컵에는 2014년 브라질 월드컵과 2018년 러시아 월드컵 두 번 나갔다. 두 대회 모두 16강 진출에 실패했다. 아시안컵에는 세 번 나갔다. 2011년 카타르 아시안컵에서는 3위를, 2015년 호주 아시안컵에서는 준우승을 차지했다. 2019년 아랍에미리트 아시안컵은 8강에서 진군을 멈췄다.

보통 손흥민의 역할은 1년에 다섯 번 정도 바뀐다. 유럽 시즌은 보통 8월 중순 시작한다. 8월 하순과 9월 초순 사이 첫 번째 A매치 데이가 열린다. 각 A매치 기간은 2주다. 이 기간 동안 국가대표팀은 2경기에서 3경기씩 치른다. 10월과 11월에도 각각 A매치가 열린다. 이후 소속팀에 전념한다. 3월 말에 다시 A매치가 열린다. 그리고 시즌이 5월 말에 끝난다. 6월 초에 A매치 기간이 다시 열린다. 이때는 아시안컵 같은 대륙컵이나 월드컵이 열리기도 한다. 2022년 카타르 월드컵이 11월에 열리는 것은 사막 기후 특성상 예외에 속한다.

토트넘 손흥민 못지않게 대표팀 손흥민도 중요하다. 세계 축구는 클럽 축구와 대표팀 축구로 나뉜다. 클럽 축구에서 선수 개인의 부를 쟁취할 수 있다면 대표팀 축구에서는 명예를 쟁취할 수 있다. 톱클래스 선수일수록 소속팀과 대표팀 모두에서 잘해야 한다. 소속팀 팬들과 대표팀 팬들이 거는 기대가 크다. 이 때문에 8월부터 11월까지 손흥민은 자신의 '역할 모드'를 정신없이 바꿔야 한다. 그래야 두 분야에서 모두 성공을 거머쥘 수 있다.

홀로 감당해야 하는 두 명의 몫

역할 모드 전환의 첫 번째 과제는 '부담 떨쳐내기'다. 소속팀과 대표팀을 오가는 일은 정신적으로 그리고 육체적으로 부담이 많이 간다. 우선 육체적으로 쉽지 않다. 예를 들어본다. 2022년 9월 17일 오후 손흥민은 레스터시티와 홈에서 프리미어리그 경기를 치렀다. 다음 날인 9월 18일 런던 히스로 공항에서 대한항공 비행기를 타고 서울로 향했다. 러시아-우크라이나 전쟁으로 비행기는 예전에 비해 3시간을 더 날아갔다. 피곤한 몸을 이끌고 서울에 도착하니 9월 19일이었다. 대표팀에 들어가 회복 훈련에 매진했다. 9월 23일 코스타리카와의 A매치에 나섰다. 90분 풀타임을 소화했다. 9월 27일 카메룬과의 경기에서 풀타임을 뛰었다. 9월 28일 인천공항에서 다시 비행기를 타고 런던으로 돌아왔다. 10월 1일 아스널과의 홈경기에 선발로 나섰다. 약 2주간 1만 8,000킬로미터를 돌면서 최고 레벨의 대표팀 경기 2경기를 풀타임으로 뛰어야 했다.

가장 큰 문제는 시차 적응이다. 보통 시차 1시간을 극복하는 데 하루가 걸린다. 런던과 서울의 시차는 8시간이다. 손흥민은 서울에 열흘간 머물렀다. 겨우 시차가 회복됐다. 그러나 바로 다시 런던으로 돌아왔다. 다시 시차에 적응해야 한다. 결국 런던과 서울을 오가는 내내 시차가 꼬이는 생활을 했다.

선수들마다 시차를 극복하는 방법은 다양하다. 저마다의 노하우가 있다. 대표팀마다 시차 적응에 관한 전문가들도 있다. 피지컬 트레이닝 코치들은 각 선수에 맞는 프로그램을 제시하기도 한다. 손흥민과 대표팀은 파주 국가대표팀 트레이닝 센터 안에서 대부분의 시간을 보낸다. 시설은 좋다. 대부분 1인 1실을 쓴다. 이곳에서 그동안 만나지 못했던 선수들과 담소도 나눈다. 센터 인근 카페를 갈 때도 있다. 콧바람을 쐬면서 한국의 정취를 느끼기도 한다.

팀 차원에서 시차를 극복하는 방법도 있다. 2022년 6월 브라질 대표팀이 방한했다. 한국과 A매치 경기를 가지기 위해서였다. 네이마르, 다니 알베스, 마르퀴뇨스, 티아고 실바 등 세계적인 축구 스타들이 총망라됐다. 이들은 한국에 오자마자 '투어'를 다녔다. 훈련이 끝나고 쉬는 시간에 한국을 즐겼다. 남산 타워도 오르고 에버랜드도 갔다. 네이마르는 에버랜드 롤러코스터를 타면서 자신의 휴대전화로 동영상을 찍고 SNS에 올려 많은 관심을 끌기도 했다. 이들이 한국 투어에 나선 이유가 바로 시차 적응 때문이었다.

훈련을 하고 나면 피로감이 몰려온다. 선수들 대부분 훈련이 끝나고 호텔로 돌아가면 할 일이 없다. 시차 때문에 잠이 쏟아진다. 이때 자버리면 새벽 한두 시에 정신이 들고 그때부터 다음 날 오후까지 하릴없이 깨어 있게 된다. 네이마르가 밤에 강남의 클럽을 찾았던 것도 시차 적응에 실패했기 때문이었다. 새벽 내내 깨어 있다가 낮 시간이 되면 다시 졸음이 몰려온다. 시차가 꼬이는 것이다.

브라질 대표팀 코칭스태프는 이런 문제를 방지하고자 했다. 훈련이 끝나고 선수들이 잠을 자지 못하게 빡빡한 투어 일정을 마련했다. 등산이나 에버랜드에서의 즐거운 시간을 통해 시즌 내내 받았던 스트레스도 날려버리게 했다. 빡빡한 일정을 소화하고 저녁에 숙소로 복귀한 선수들은 대부분 저녁 식사 후 밤 시간에 잠자리에 들었다. 강제적으로 시차를 맞추게 한 것이다.

대표팀 선수로서 갖는 정신적인 부담은 더 크다. 육체적 부담은 대표팀의 프로그램에 따라 해결에 큰 도움을 받을 수 있다. 그러나 정신적 부담은 다른 문제다. 특히 대표팀 축구는 중요한 경기가 많다. 일반 A매치는 중요도가 조금 덜할 수 있다. 소위 말해 평가전이기 때문이다. 좋은 결과가 나오지 않더라도 다음 경기에서 더 잘하면 된다. 그러나 월드컵 예선이나 아시안컵 등의 경우에는 이야기가 달라진다. 한국은 1986년 멕시코 월드컵 진출 이후 2022년 카타르 월드컵까지 10회 연속 월드컵 진출에 성공했다. 이제 한국 팬들은 월드컵 진출에 별다른 감흥을 느끼지 못한다. 당연히 월드컵은 나가야 하는 대회가 됐다. 만약 월드컵에 나가지 못할 수도 있는 상황에 몰렸을 때 감독과 선수들이 받는 압박은 상상을 초월한다.

2018년 러시아 월드컵 아시아 지역 최종 예선이 좋은 예다. 한국 대표팀이 받았던 부담은 상당했다. 당시 울리히 슈틸리케 감독이 이끌던 대표팀은 월드컵 최종 예선 당시 속시원한 모습을 보여주지 못했다. 당시 최종 예선에는 총 12개 팀이 나섰다. 6개 팀이 2개조로 나뉘었다. 각조 1위와 2위 팀은 월드컵으로 직행했다. 3위 팀은 플레이오프를 펼쳐야 했다. 거기서 승리한 후 다시 다른 대륙과 플레이오프를 해서 이겨야 본선에 갈 수 있었다.

슈틸리케호는 8경기까지 치르면서 승점 13에 머물렀다. 2경기가 남은 상황이었다. 2위 자리를 간신히 유지하고 있었다. 3위 우즈베키스탄이 승점 12로 3위였다. 남은 2경기 결과에 따라 2위 자리도 내줄 수 있었다. 경우에 따라서는 4위로 추락할 수 있는 상황이었다. 플레이오프가 아니라 탈락이라는 최악의 결과를 받을 수도 있었다. 당시 대표팀 선수들이 받았던 부담은 엄청났다. 슈틸리케 감독은 경질됐다. 수장이 무너지며 한국 축구는 위기에 봉착했다.

남은 2경기. 한국은 이란과의 홈경기에서 0-0, 우즈베키스탄과의 원정 경기에서 0-0으로 비겼다. 간신히 2위로 최종 예선을 마무리했다. 우즈베키스탄전에서 손흥민은 전반 종료 직전 찬스를 잡았다. 그러나 그의 슈팅이 골대를 강타하고 나왔다. 후반 40분에도 손흥민은 찬스를 잡았다. 상대 골키퍼가 차낸 볼을 다시 슈팅했지만 빗나가고 말았다. 경기 이후 손흥민은 엄청난 비난에 시달려야만 했다. 만약 우즈베키스탄이 한국과의 경기 전 열린 중국 원정에서 0-1로 지지 않았다면 한국은 2위 자리를 내줬을 수 있다. 그랬으면 러시아행은 쉽지 않았을 것이다. 월드컵에 진출하지 못하면 한국 축구는 큰 비난을 피할 수 없다.

정신적인 부담을 떨치는 일은 어렵다. 대표팀에는 아직 정식 멘털 코치가 없다. 축구 선진국 대표팀에는 대부분 멘털 담당 코치들이 있다. 우리나라 대표팀에서 멘털 관리는 기존 코칭스태프들이나 선수 개인이 풀어야 할 일로 치부하고 있다. 손흥민은 멘털 관리에서 가족들과 동료들의 도움을 많이 받는다. 그러나 한계가 있다. 대부분의 정신적인 스트레스를 온전히 혼자 감수하고 있다.

관성에서 빠르게 벗어나라

모드 전환의 두 번째 과제는 '상황 인식'이다. 이곳에서 내가 맡은 역할이 무엇인지 확실하게 인식해야 한다. 토트넘에서 손흥민은 '피니셔'다. 역할이 비교적 쉽다. 상대 수비 뒷공간에 뛰어들면 그에 맞춰 패스가 들어온다. 공간이 열리면 달려가 슈팅으로 마무리한다. 대부분의 토트넘 감독들은 손흥민에게 이런 역할을 요구했고, 손흥민 역시 잘 부응했다. 손흥민이 팀의 주포는 아니다. 대개 리그에서 15~18골 정도 넣었다. 윙어가 이 정도의 득점력을 보여주면 팀으로서는 큰 힘이 될 수밖에 없다. 참고로 득점왕을 차지한 2021~2022시즌에는 이 역할을 맡으며 본인도 놀랄 만한 골 결정력을 보여주었다.

대표팀 손흥민의 역할은 이와 다르다. 피니셔에 치중할 수 없다. 대표팀에는 손흥민에게 양질의 패스를 공급해주는 케인, 델리, 에릭센, 벤탕쿠르, 호이비에르가 없다. 다른 선수들이 패스를 주기는 하지만 토트넘에서 받는 패스와는 여러 면에서 다르다. 여기에 상대팀은 손흥민을 집중 마크한다. 손흥민이 볼을 잡으면 두 명은 기본이고 세 명이 달라붙어 수비한다. 볼을 잡지 않았을 때도 한 명은 언제나 손흥민을 견제하고 있다. 손흥민 외에 집중 마크할 만한 선수가 없기 때문이다.

손흥민은 이런 상황 변화를 빠르게 인식했다. 대표팀에서 손흥민의 역할은 '피니셔'가 아니다. 공격의 '마에스트로'다. 자신을 미끼로 사용했다. 손흥민이 상대팀 수비수들을 달고 나오면 팀 동료들이 빈 수비 공간으로 침투했다. 그곳으로 패스를 찔러줬다. 2018년 자카르타-팔렘방 아시안게임에서 6경기 1골 5도움을 기록하며 팀을 우승으로 이끌었던 것도 이 같은 상황 인식 결과였다. 이후에도 이 같은 기조를 유지했다. 그러면서 골에도 관여했다. 2022년 카타르 월드컵 최종 예선에서는 총 4골을 넣었다. 중요한 골을 넣으면서 한국의 월드컵 본선 진출을 수월하게 만들었다.

피니셔에서 마에스트로로, 다시 피니셔로

이런 손흥민이 이제 2022년 카타르 월드컵에 나선다. 앞선 두 번의 월드컵에서 손흥민은 실패를 맛봤다. 2014년 브라질에서는 철저하게 실패했다. 알제리전에서 골을 넣었지만 팀은 무너졌다. 2018년 러시아 월드컵에서는 절반의 실패를 맛봤다. 마지막 경기 독일전에서 2-0 승리를 이끌었다. 그러나 팀은 16강에 진출하지 못했다. 2022년 카타르 월드컵은 자신이 전성기에서 뛸 수 있는 마지막 월드컵이 될 수도 있다. 모드 전환이 필요하다.

모드 전환 첫 번째 과제인 '부담 떨쳐내기'에서 문제가 발생했다. 부상이었다. 11월 1일 마르세유와의 유럽챔피언스리그 조별 리그 최종전에서 헤더 경합을 하던 중 상대 수비수의 어깨에 왼쪽 눈 주위를 가격 당했다. 손흥민의 월드컵 출전 여부에 관심이 쏠렸다.

12일 월드컵 출전 최종 명단에 손흥민의 이름이 들어갔다. 월드컵에 나가겠다는 강한 의지로 지체 없이 빠르게 수술을 받았기에 가능했다. 하지만 손흥민은 아직 100퍼센트 몸 상태가 아니다. 안면 부상 특성상 작은 충격에도 민감하기 때문에 세심한 관찰과 관리가 필요하다. 선수에게 월드컵은 가장 큰 대회 중 하나다. 그러나 더 중요한 것은 선수 생명이다. 컨디션이 100퍼센트가 아닌 상황에서 경기에 출전하면 역효과가 날 수 있다. 자칫 잘못하다가는 선수 생명에 큰 지장을 받을 수도 있다. 때문에 전문가의 도움 하에 손흥민은 자신의 몸 상태를 위한 최선의 결정을 할 것이다. 월드컵에서 많은 시간을 뛸 수 없다고 하더라도.

정신적인 부담은 예선 때보다 덜할 것 같다. 어차피 월드컵에서 한국은 최약체다. 잃을 것이 없다. 2022년 카타르 월드컵 상대는 우루과이, 가나, 포르투갈이다. 모두 한국보다 강한 팀이다. 져도 본전이라는 생각으로 도전하면 된다. 손흥민 역시 이와 같은 생각이었다.

"월드컵에 나오는 모든 팀들은 각 지역에서 어려운 경쟁을 뚫고 오는 상대들이잖아요. 결코 쉬운 경기는 없어요. 만족하는, 또는 불만족하는 조 추첨은 없습니다. 다 0에서부터 시작합니다. 선수들 모두 이 사실을 잘 알고 있고 저도 마찬가지예요. 정말 많이 준비하고 있어요."

다만 손흥민의 마음을 옥죄는 것이 있을 수 있다. 월드컵 직전 당한 부상으로 인한 조바심이다. 이 부분은 앞서 언급한 대로 전문가들의 도움을 받을 것으로 보인다. 부상은 손흥민의 잘못이 아니다. 이미 벌어진 일, 즉 본인이 통제할 수 없는 일에 대해 후회하고 자책해봐야 바뀌는 것은 없다. 이런 상황에서는 오로지 '지금 내가 할 수 있는 일'에 집중하고, 위기를 돌파할 방법을 찾는 것이 중요하다.

손흥민은 평소에 그렇게 해왔다. 공부하기 위해 지난 경기를 복기하지만, 실수에 매몰되지는 않는다. "내가 왜 그랬지?"라는 질문을 스스로에게 던지며 성찰의 시간을 갖지만 자책하지 않는다. 오로지 자신의 실수를 되짚어보고 다시는 같은 실수를 하지 않기 위해 노력한다. 성장을 위한 하나의 스킬이라고 할 수 있다.

모드 전환 두 번째 과제 '상황 인식'은 잘되고 있는 것으로 보인다. 그동안 월드컵 예선에서 손흥민은 '마에스트로'로 동료 선수들을 활용했다. 그러나 본선에서는 상황에 맞게 다시 '피니셔'로 역할을 바꿀 것으로 보인다. 어차피 본선에서 한국은 선 수비 후 역습에 나서야 한다. 수비에 치중하다 몇 안 되는 찬스에서 골을 노려야 한다. 프리미어리그 최고의 피니셔가 손흥민이다. 손흥민을 최전방에 놓고 상대 수비수와 경쟁시켜야 한다. 6월 A매치에서 파울루 벤투 감독은 이 같은 가능성을 시사했다. 코스타리카, 카메룬과의 2연전에서 손흥민은 최전방에 나서 피니셔로서의 역할에 치중했다. 상황이 바뀌었으니 역할도 바뀐 것이다. 카타르에서도 이런 역할을 할 것으로 보인다.

다시 A씨의 이야기로 돌아오자. 자신이 맡은 역할을 제대로 하기 위해서는 부담을 떨쳐내고 상황을 제대로 인식하면 된다. 회사, 집, 여러 조직에서 요구하는 퍼포먼스가 있을 것이다. 이에 부응하려면 육체적, 정신적인 부담을 떨쳐내야 한다. 운동과 건강한 식습관을 통해 좋은 신체 컨디션을 유지하는 것이 중요하다. 정신적으로도 여유를 가져야 한다. 조직 구성원들 간의 대화와 여러 전문가들의 도움이 큰 힘이 된다.

가장 중요한 것은 그때그때 달라지는 상황을 제대로 인식하는 것이다. 달라진 상황을 예리하게 알아차려야 확실한 대응이 가능하고, 각 역할에 맞는 좋은 퍼포먼스도 기대할 수 있다. 오늘도 A씨의 건투를 빈다.

"인내는 쓰고 열매는 달다고 하잖아요.
앞으로 또다시 달콤한 열매를 맛보기 위해
기꺼이 쓰디쓴 인내의 맛을 볼 거예요."

저자와의 인터뷰 중에서

네버 다우트

초판 1쇄 2022년 11월 30일

지은이 | 이건

대표이사 겸 발행인 | 박장희
제작 총괄 | 이정아
편집장 | 조한별
책임 편집 | 허진
마케팅 | 김주희 한륜아 이정연

디자인 | studio forb

발행처 | 중앙일보에스(주)
주소 | (04513) 서울시 중구 서소문로 100(서소문동)
등록 | 2008년 1월 25일 제2014-000178호
문의 | jbooks@joongang.co.kr
홈페이지 | jbooks.joins.com
네이버 포스트 | post.naver.com/joongangbooks
인스타그램 | @j__books

ISBN 978-89-278-1302-6 03190

중앙북스는 중앙일보에스(주)의 단행본 출판 브랜드입니다.